Portugiesische Verben
Formen und Gebrauch

Von Sonja van den Aardweg-Hissink
Deutsche Bearbeitung von Natascha Rodrigues

Ernst Klett Sprachen
Barcelona Budapest London Posen Sofia Stuttgart

1. Auflage   1 8 7 6 5 | 2007 2006 2005 2004

Alle Drucke dieser Auflage können im Unterricht nebeneinander benutzt werden, sie sind untereinander unverändert.
Die letzte Zahl bezeichnet das Jahr dieses Druckes.
© 1990 Intertaal, Amsterdam
© Ernst Klett Sprachen GmbH, Stuttgart 1992.
Internetadresse: http://www.klett-verlag.de
Alle Rechte vorbehalten.
Das Werk und seine Teile sind urheberrechtlich geschützt. Jede Nutzung in anderen als den gesetzlich zugelassenen Fällen bedarf der vorherigen schriftlichen Einwilligung des Verlages.
Hinweis zu § 52 a UrhG: Weder das Werk noch seine Teile dürfen ohne eine solche Einwilligung eingescannt und in ein Netzwerk eingestellt werden. Dies gilt auch für Intranets von Schulen und sonstigen Bildungseinrichtungen.
Druck: Medien Druck Unterland, Flein. Printed in Germany.
ISBN 3-12-527103-7

Inhaltsverzeichnis

Inhalt und Gebrauch	4
Erklärung grammatischer Termini	6
Schematische Übersicht über einfache und zusammengesetzte Formen	8

A ALLGEMEINES

Einteilung des portugiesischen Verbs	11
Konjugation	15
Personalpronomen	16
Betonung und Akzent	21

R REGELMÄSSIGE BILDUNG

Übersicht	22
Bildung der Verbformen	25
Verben mit systematischen Abweichungen	33

U UNREGELMÄSSIGE BILDUNG

Verben mit unregelmäßigen Formen	39
Verben mit unregelmäßigem Partizip Perfekt	52

G GEBRAUCH

Infinitivo	55
Gerúndio	58
Particípio passado	59
Indicativo - Conjuntivo	60
Pretérito perfeito - Pretérito imperfeito	63
"Estar" und "ser"	65

L LISTE DER REGELMÄSSIGEN UND UNREGELMÄSSIGEN VERBEN — 69

Inhalt und Gebrauch

Portugiesische Verben dient zum Nachschlagen und Lernen von Verbformen, und es liefert Erklärungen zur Bildung und zum Gebrauch der portugiesischen Verben.

Die Buchstaben oben in der Ecke geben das jeweilige Kapitel des Buches an.

A ALLGEMEINES
Hier werden die Grundbegriffe erklärt, die für das portugiesische Verb von Bedeutung sind, und die im Verlauf des Buches regelmäßig verwendet werden.

R REGELMÄSSIGE BILDUNG
Dieser Teil liefert eine Übersicht über die regelmäßigen Verbformen und eine Erklärung zur regelmäßigen Bildung .

U UNREGELMÄSSIGE BILDUNG
Dieser Teil liefert eine Übersicht über die unregelmäßigen Verbformen und eine Erklärung zur unregelmäßigen Bildung.

G GEBRAUCH
Hier werden Regeln für den Gebrauch von Zeiten und Formen gegeben, mit denen spezifische Schwierigkeiten verbunden sein können.

L LISTE DER REGELMÄSSIGEN
   UND UNREGELMÄSSIGEN VERBEN
In dieser alphabetischen Liste Portugiesisch-Deutsch stehen die regelmäßigen Verben, die häufig verwendet werden, und alle unregelmäßigen Verben. Hinter den Verben mit Unregelmäßigkeiten oder systematischen Abweichungen bei der Bildung steht ein Hinweis auf die Seite im Buch, auf der das betreffende Verb zu finden ist.
Mit Hilfe der Verbliste können die Benutzer auch ihren Wortschatz kontrollieren.

Auf Seite 6 und 7 werden allgemeine grammatische Termini erklärt, die in diesem Buch verwendet werden.
Auf den Seiten 8 bis 9 befindet sich eine schematische Übersicht über einfache und zusammengesetzte Formen.

Erklärung grammatischer Termini

Hier werden allgemeine grammatische Termini erklärt, die in diesem Buch verwendet werden. Für Begriffe, die auf das Verb Bezug nehmen, siehe Teil A (Allgemeines).

GRAMMATISCHER BEGRIFF	BEISPIEL/ERKLÄRUNG
Adjektiv	ein *schönes* Haus, die *deutsche* Sprache uma casa *bonita*, a língua *alemã*
Adverb	Er lernt *leicht*. Ele aprende *facilmente*. Der Tisch ist *sehr* groß. A mesa é *muito* grande.
Direktes Objekt	Sie haben *zehn Mark* bezahlt. Pagaram *dez marcos*. Ich kenne *ihn* nicht gut. Não *o* conheço bem.
Geschlecht	maskulin / feminin
Hauptsatz	*Wir hoffen,* daß sie kommen. *Esperamos* que venham.
Indirektes Objekt	Ich schenke *meiner Mutter* einen Blumenstrauß. Dou um ramo de flores *à minha mãe*. Sie hat *ihm* einen Brief geschickt. Ela mandou-*lhe* uma carta.
Konsonanten	b, c, d, etc. (Laute, die keine Vokale sind)
Nebensatz	Ich mache es, *wenn ich Zeit habe*. Faço-o *se tiver tempo*. Kennst du den Jungen, *der da läuft*? Conheces o rapaz *que ali vai*? Wir hoffen, *daß sie kommen*. Esperamos *que venham*.

Personalpronomen	
Subjekt	*ich, du, er*, etc.
indirektes Objekt	*mir, dir, ihm*, etc.
direktes Objekt	*mich, dich, ihn*, etc.
Präposition	*an, auf, mit*, etc.
Reflexivpronomen	ich erinnere *mich*, du erinnerst *dich*, etc.
Subjekt	*Die Nachbarn* haben drei Kinder.
	Os vizinhos têm três filhos.
	Wir gehen schon nach Hause.
	Nós já vamos para casa.
Substantiv	der *Freund*, die *Arbeit*
	o *amigo*, o *trabalho*
Vokale	a, e, i, o, u

Schematische Übersicht über einfache und zusammengesetzte Formen

Im folgenden sind die einfachen und zusammengesetzten Formen des portugiesischen Verbs aufgeführt. Wo immer möglich, wird die deutsche Übersetzung mit angegeben.

Formas simples	**Formas compostas**
Einfache Formen	Zusammengesetzte Formen

INFINITIVO IMPESSOAL
falar
(*sprechen*)

ter falado
(*gesprochen haben*)

INFINITIVO PESSOAL
falar

ter falado

GERÚNDIO
falando
(*sprechend*)

tendo falado
(*gesprochen habend*)

PARTICÍPIO PASSADO
falado
(*gesprochen*)

IMPERATIVO
fala
(*sprich*)

INDICATIVO

PRESENTE
falo
(*ich spreche*)

PRETÉRITO PERFEITO SIMPLES
falei
(*ich habe gesprochen*)

PRETÉRITO PERFEITO COMPOSTO
tenho falado
(*ich spreche/habe gesprochen*)

PRETÉRITO IMPERFEITO

falava
(*ich sprach*)

PRETÉRITO MAIS-QUE-PERFEITO
COMPOSTO
tinha falado
(*ich hatte gesprochen*)

FUTURO SIMPLES
falarei
(*ich werde sprechen*)

FUTURO COMPOSTO
terei falado
(*ich werde gesprochen haben*)

CONDICIONAL

CONDICIONAL SIMPLES
falaria
(*ich würde sprechen*)

CONDICIONAL COMPOSTO
teria falado
(*ich würde gesprochen haben*)

CONJUNTIVO

PRESENTE
fale

PRETÉRITO IMPERFEITO

falasse

PRETÉRITO MAIS-QUE-PERFEITO
COMPOSTO
tivesse falado

FUTURO SIMPLES
falar

FUTURO COMPOSTO
tiver falado

A

ALLGEMEINES

Einteilung des portugiesischen Verbs

Infinitivo (Infinitiv)
Der Infinitiv ist die Grundform des Verbs. Er ist unveränderlich.
> Ela gosta de **cantar**.
> Sie singt gern.

Infinitivo pessoal (Persönlicher Infinitiv)
Im Portugiesischen gibt es noch eine andere Art von Infinitiv: den persönlichen Infinitiv (*infinitivo pessoal*). Dieser wird auch konjugierter Infinitiv (*infinitivo flexionado*) genannt. Beim persönlichen Infinitiv tritt eine Endung an den normalen Infinitiv, mit der das Subjekt des Satzes angegeben wird.
> Este livro é para **lermos**.
> Dieses Buch sollen wir lesen.

Gerúndio (Gerundium)
Das Gerundium ist unveränderlich und kann einen Nebensatz ersetzen.
> **Sabendo** que agem de boa fé, não os levo a mal.
> Da ich weiß, daß Sie in gutem Glauben handeln, nehme ich es Ihnen nicht übel.
> **Nadando** alcançaram o outro lado do lago.
> Schwimmend gelangten sie an das andere Ufer des Sees.
> **Reflectindo** bem, resolverão os problemas.
> Indem sie gut überlegen, werden sie die Probleme lösen.

Particípio passado (Partizip Perfekt)
Dies ist die Form des Verbs, die, zusammen mit einer Form eines Hilfsverbs, für die zusammengesetzten Zeiten verwendet wird (siehe auch S. 13). Hilfsverben für die zusammengesetzten Zeiten sind im Deutschen "haben" und "sein". Im Portugiesischen wird *ter* und gelegentlich *haver* verwendet.
Das *particípio passado* wird häufig auch nur *particípio* genannt.
> Ela tinha **apagado** a luz.
> Sie hatte das Licht ausgemacht.

A

Imperativo (Imperativ)
Der Imperativ (auch Befehlsform genannt) drückt eine
Aufforderung an eine zweite Person aus.
   Fala mais alto.
   Sprich lauter.
Er kommt nur in dieser Form und bejaht vor. Für Aufforderungen
in allen anderen Fällen siehe Teil G, Seite 61.

Indicativo (Indikativ)
Der Indikativ gibt an, daß eine Sicherheit besteht über das, was
mit dem Verb ausgedrückt wird.
   A Joana não **vem** hoje.
   Joana kommt heute nicht
Der Indikativ kommt in allen Zeiten vor.

Conjuntivo (Konjunktiv)
Der Konjunktiv gibt an, daß mit dem Verb etwas ausgedrückt
wird, was noch nicht sicher ist, was noch zu hoffen, zu erwarten
oder zu befürchten ist.
   Espero que a Joana ainda **venha**.
   Ich hoffe, daß Joana noch kommt.
Der Konjunktiv kommt häufig in Nebensätzen vor, die mit *que*
(daß) beginnen.
Im Deutschen kommt der Konjunktiv nur noch in der indirekten
Rede, z.B "er sagte, er nehme sie mit", und in irrealen
Bedingungssätzen vor.

In Teil G (Gebrauch) wird näher erläutert, wann im
Portugiesischen eine Verbform im Indikativ steht und wann im
Konjunktiv.

EINFACHE UND ZUSAMMENGESETZTE ZEITEN

Einfache Zeiten bestehen aus einer einzigen Verbform, zum
Beispiel:
   (eu) compro - ich kaufe.
Zusammengesetzte Zeiten bestehen aus einem Hilfsverb und
einem Partizip Perfekt, zum Beispiel:
   (eu) tinha comprado - ich hatte gekauft.

A

Presente (Präsens)
Das Präsens drückt einen Zustand oder ein Geschehen in der Gegenwart aus.
>Hoje **está** frio.
>Es ist kalt heute.

Mit dem Präsens kann auch eine Tatsache ausgedrückt werden.
>A terra **é** um planeta.
>Die Erde ist ein Planet.

Pretérito perfeito simples (Einfaches Perfekt)
Das *pretérito perfeito simples* bezeichnet ein abgeschlossenes Ereignis in der Vergangenheit.
>**Encontraram**-se na estação.
>Sie haben sich an der Haltestelle getroffen.

Pretérito perfeito composto (Zusammengesetztes Perfekt)
Das *pretérito perfeito composto* bezeichnet Handlungen oder Zustände, die aus der Vergangenheit bis in die Gegenwart reichen.
>Ela **tem estado** doente.
>Sie ist seit einiger Zeit krank.

Pretérito imperfeito (Imperfekt)
Das *pretérito imperfeito* bezeichnet einen Zustand oder ein Ereignis in der Vergangenheit, wobei nicht auf Beginn und Ende der Handlung eingegangen wird.
>**Havia** sempre dificuldades com ela.
>Er hatte immer Schwierigkeiten mit ihr.

Der Gebrauch des *pretérito perfeito* und des *pretérito imperfeito* wird in Teil G, Seite 63 und 64, näher erläutert.

Pretérito mais-que-perfeito composto (Plusquamperfekt)
Diese Zeit gibt an, daß etwas vor einem anderen Ereignis in der Vergangenheit stattgefunden hat.
>Fiquei molhado, porque me **tinha esquecido** do guarda-chuva.
>Ich wurde naß, weil ich meinen Regenschirm vergessen hatte.

A

Futuro simples (Futur I)
Das Futur gibt an, daß etwas noch geschehen wird.
   Falarei mais devagar.
   Ich werde langsamer sprechen.

Condicional simples (Konditional I)
Der Konditional hat zwei Funktionen:
1. Er drückt aus, daß etwas von einer Bedingung abhängig ist, die nicht erfüllt werden kann.
   Se eu fosse tu, não **sairia**.
   Wenn ich du wäre, würde ich nicht weggehen.
In dieser Funktion kommt der Konditional in irrealen Bedingungssätzen vor.
2. Er drückt aus, daß etwas - aus der Vergangenheit gesehen - sich noch ereignen wird.
   Ele me disse que a **iria** ver.
   Er sagte mir, daß er sie besuchen werde.

AKTIV UND PASSIV

Aktiv
Ein Verb steht im Aktiv, wenn das Subjekt Träger der im Verb ausgedrückten Handlung ist.
   Ele **pinta** a nossa casa.
   Er streicht unser Haus an.

Passiv
Ein Verb steht im Passiv, wenn das Subjekt Gegenstand der im Verb ausgedrückten Handlung eines anderen ist. Der oder die Ausführende kann dabei genannt werden oder auch nicht.
   A nossa casa **é pintada** (por ele).
   Unser Haus wird (von ihm) angestrichen.
Zur Bildung des Passivs siehe Teil G, S. 59 und 68.

A

Konjugation

Die portugiesischen Verben enden im Infinitiv auf -ar, -er oder -ir. Bei der Konjugation (auch Beugung genannt) wird die Endung des Infinitivs durch eine andere Endung ersetzt. Der Teil des Verbs vor der Endung wird Stamm genannt.

falar   sprechen   *Stamm:* fal-   *Endung* -ar

Wenn das Subjekt des Satzes ein Personalpronomen ist (ich, du, er, etc. siehe auch S.16), dann kann dies im Portugiesischen weggelassen werden, da jede Verbform ihre eigene Endung hat.

falo   ich spreche

Da die Personalpronomen als Subjekt im Portugiesischen meistens weggelassen werden, werden sie auch in den Listen der Verbformen dieses Buches nicht mit aufgeführt.

Die Verbformen werden in der Regel nach folgendem Schema dargestellt:

Beispiel: Indikativ Präsens von **falar** (sprechen):

1. Person Singular	**falo**	ich spreche
2. Person Singular	**falas**	du sprichst
3. Person Singular	**fala**	er, sie, es spricht/
		Sie sprechen (Sg.)
1. Person Plural	**falamos**	wir sprechen
3. Person Plural	**falam**	ihr sprecht
		sie sprechen
		Sie sprechen (Pl.)

Die 2. Person Plural (*vós falais* - ihr sprecht) ist kaum mehr gebräuchlich und wird daher auch in den Verblisten dieses Buches nicht mit aufgeführt.

A

Personalpronomen

Personalpronomen als Subjekt

	Singular		Plural	
1. Person	**eu**	ich	**nós**	wir
2. Person	**tu**	du	-	
3. Person	**você**	du	**vocês**	ihr
	o senhor	Sie *(m.)*	**os senhores**	Sie *(m.)*
	a senhora	Sie *(f.)*	**as senhoras**	Sie *(f.)*
	ele	er	**eles**	sie *(m.)*
	ela	sie	**elas**	sie *(f.)*

Im Portugiesischen werden die Personalpronomen als Subjekt bei der Verbform meistens weggelassen (siehe auch S.15), außer jenen für die Siezform (Sing. und Pl.).

Em fevereiro **vamos** ao Brasil.
Wir gehen im Februar nach Brasilien.
O senhor se engana.
Sie täuschen sich.

Wenn es jedoch zur Verdeutlichung des Satzes beiträgt, oder wenn die Betonung auf dem Subjekt liegt, dann wird das Personalpronomen genannt.

Eles vão a Portugal, mas **nós** vamos ao Brasil.
Sie gehen nach Portugal, aber *wir* gehen nach Brasilien.

In Portugal ist *tu* (du) die gebräuchlichste vertrauliche Umgangsform, aber *você* wird auch verwendet, z.B. von Kollegen untereinander. In Brasilien wird als vertrauliche Form nahezu ausschließlich *você* gebraucht.

Es ist zu beachten, daß *você* (du) kombiniert wird mit einer Verbform in der 3. Person Singular und *vocês* (ihr) mit einer in der 3. Person Plural.

Also:
(tu)	compr**as**	du kaufst
(você)	compra	du kaufst
(ele)	compra	er kauft
(vocês)	compr**am**	ihr kauft
(eles)	compr**am**	sie kaufen

Im Portugiesischen wird *wir* häufig mit *a gente* (wörtlich: "die Leute") ausgedrückt. *A gente* wird kombiniert mit einer Verbform in der 3. Person Singular.

A gente só **soube** hoje da partida do seu irmão.
Wir haben erst heute von der Ankunft seines Bruders erfahren.

Für *es* als unpersönliches Fürwort gibt es im Portugiesischen keinen entsprechenden Ausdruck. Dafür wird die 3. Person Singular des Verbs verwendet.

Chove.
Es regnet.
É necessário.
Es ist notwendig.

Personalpronomen als direktes Objekt, indirektes Objekt, Reflexivpronomen

Die Personalpronomen als direktes Objekt sind:
me	mich	**nos**	uns
te	dich	**vos**	euch
o	ihn	**os**	sie (*m.*)
a	sie	**as**	sie (*f.*)

Die Personalpronomen als indirektes Objekt sind:
me	mir	**nos**	uns
te	dir	**vos**	euch
lhe	ihm / ihr	**lhes**	ihnen

Die Reflexivpronomen sind:
me	mich	**nos**	uns
te	dich	-	
se	sich	**se**	euch/sich

A

Stellung bei den Verbformen

Die Personalpronomen als indirektes oder direktes Objekt stehen meistens hinter der Verbform.

Chama-**nos**.
Er ruft uns.

Personalpronomen stehen aber vor der Verbform, wenn diese eingeleitet wird durch
- *que* (daß)
- ein einsilbiges Adverb, z.B.: *já* (schon), *cá* (hier)
- eine Verneinung, z.B.: *não* (nicht), *nunca* (nie).

Ele não **te** vê.
Er sieht dich nicht.
Ainda não **lhes** dei o presente.
Ich habe ihnen das Geschenk noch nicht gegeben.

In einfachen bejahten Sätzen steht das Personalpronomen nach dem konjugierten Verb und wird durch einen Bindestrich angeschlossen.

Encontrei-**a** na loja.
Ich habe sie im Laden getroffen.

Im Futur und im Konditional allerdings wird das Personalpronomen zwischen Stamm und Endung eingeschoben.

O senhor lembrar-**se**-á disso.
Sie werden sich daran erinnern.

Nach adverbialen Bestimmungen und nach der Verneinung steht das Personalpronomen vor dem konjugierten Verb.

Já **a** encontrei na loja.
Ich habe sie bereits im Laden getroffen.
O senhor não **se** lembrará disso.
Sie werden sich nicht daran erinnern.

Formveränderungen bei der Kombination von Verbform + Personalpronomen

Wenn bestimmte Personalpronomen hinter der Verbform stehen, dann treten folgende Veränderungen auf:

– Verbform, auf die **o**, **a**, **os** oder **as** folgt:
  Wenn die Verbform auf **r**, **s** oder **z** endet, dann fällt das -r, -s oder -z weg, und es wird ein **l** vor das Personalpronomen gesetzt.
  Vemo-los.   (vemo*s* + *os*)   Wir sehen sie.
  Außerdem wird bei Verben auf
  -ar aus dem letzten a der Verbform ein **á**
  Quero **comprá-lo**. (compra*r* + *o*)   Ich will es kaufen.
  Weiterhin wird bei Verben auf
  -er aus dem letzten e der Verbform ein **ê**
  Quero **bebê-lo**.   (bebe*r* + *o*)   Ich will es trinken.
  Wenn die Verbform auf **m**, **ão** oder **õe**, endet, wird ein **n** vor das Personalpronomen gesetzt.
  Vêem-na.   (vêe*m* + *a*)   Sie sehen sie.

– Verbform, auf die **nos** folgt:
  Das letzte s der Endung der 1. Person Plural fällt weg.
  Enganamo-nos. (enganamo*s* + *nos*)   Wir täuschen uns.

A

Konjugationsbeispiel eines reflexiven Verbs
Beispiel: queixar-se (sich beklagen) - 1. Person Singular

queixo-me	Indicativo presente
queixei-me	Indicativo pretérito perfeito
queixava-me	Indicativo pretérito imperfeito
tinha-me queixado	Indicativo pretérito-mais-que-perfeito composto
queixar-me-ei	Indicativo futuro simples
(que) me queixe	Conjuntivo presente
(que) me queixasse	Conjuntivo pretérito imperfeito
(que) me tivesse queixado	Conjuntivo pretérito-mais-que-perfeito composto
(se) me queixar	Conjuntivo futuro simples

A

Betonung und Akzent

Im Portugiesischen gelten die unten aufgeführten Regeln für die Betonung und den Akzent (der betonte Vokal oder Diphthong ist hierbei fett gedruckt).

Die Betonung fällt meistens auf die vorletzte Silbe.
Beispiel: fal**a**vam (sie sprechen)
Die Betonung liegt jedoch auf der letzten Silbe, wenn die Verbform auf **r**, **ei**, **i**, **ou**, **eu**, **iu** oder **ão** endet.
Beispiele:

fal**a**r, vend**e**r, part**i**r	infinitivo
fal**ei**, vend**i**, part**i**	1. Pers. Sing. pretérito perfeito
fal**ou**, vend**eu**, part**iu**	3. Pers. Sing. pretérito perfeito
falar**ei**, vender**ei**, partir**ei**	1. Pers. Sing. futuro simples
vender**ão**, falar**ão**, partir**ão**	3. Pers. Pl. futuro simples

Wenn die Betonung eines Wortes nicht unter eine der genannten Regeln fällt, dann erhält der betonte Vokal einen Akzent.
Beispiele: fal**á**vamos (wir sprachen), falar**á** (er wird sprechen).
Das Portugiesische hat unterschiedliche Akzente. Auf betonten Vokalen in Verbformen kommen folgende Akzente vor:

´	(acento agudo)	á, é, í, ó, ú
^	(acento circunflexo)	â, ê, ô
~	(til)	ã, õ

Der *acento grave* (`) kommt bei Verbformen nicht vor.
Jeder dieser Akzente gibt die Betonung an und dazu die Aussprache des entsprechenden Vokals. Auf die Aussprache im allgemeinen wird in diesem Buch nicht eingegangen, hierfür wird auf eine Grammatik verwiesen. In Teil R, auf S. 32, werden aber die Ausspracheveränderungen besprochen, die bei einem **e** oder **o** auftreten können, wenn es sich dabei um betonte Stammvokale handelt. Als Stammvokal gilt stets der letzte Vokal vor der Endung.

R
REGELMÄSSIGE BILDUNG
Übersicht

INFINITIVO
fal**ar**	vend**er**	part**ir**
sprechen	*verkaufen*	*abfahren; weggehen*

INFINITIVO PESSOAL
fal**ar**	vend**er**	part**ir**
fal**ares**	vend**eres**	part**ires**
fal**ar**	vend**er**	part**ir**
fal**armos**	vend**ermos**	part**irmos**
fal**arem**	vend**erem**	part**irem**

GERÚNDIO
fal**ando**	vend**endo**	part**indo**

PARTICÍPIO
fal**ado**	vend**ido**	part**ido**

IMPERATIVO
fal**a**	vend**e**	part**e**

INDICATIVO

PRESENTE
fal**o**	vend**o**	part**o**
fal**as**	vend**es**	part**es**
fal**a**	vend**e**	part**e**
fal**amos**	vend**emos**	part**imos**
fal**am**	vend**em**	part**em**

PRETÉRITO PERFEITO
fal**ei**	vend**i**	part**i**
fal**aste**	vend**este**	part**iste**
fal**ou**	vend**eu**	part**iu**
fal**ámos**	vend**emos**	part**imos**
fal**aram**	vend**eram**	part**iram**

PRETÉRITO IMPERFEITO

falava	vendia	partia
falavas	vendias	partias
falava	vendia	partia
falávamos	vendíamos	partíamos
falavam	vendiam	partiam

PRETÉRITO MAIS-QUE-PERFEITO COMPOSTO

tinha falado	tinha vendido	tinha partido
tinhas falado	tinhas vendido	tinhas partido
tinha falado	tinha vendido	tinha partido
tínhamos falado	tínhamos vendido	tínhamos partido
tinham falado	tinham vendido	tinham partido

FUTURO SIMPLES

falarei	venderei	partirei
falarás	venderás	partirás
falará	venderá	partirá
falaremos	venderemos	partiremos
falarão	venderão	partirão

CONDICIONAL SIMPLES

falaria	venderia	partiria
falarias	venderias	partirias
falaria	venderia	partiria
falaríamos	venderíamos	partiríamos
falariam	venderiam	partiriam

R

CONJUNTIVO

PRESENTE

fale	venda	parta
fales	vendas	partas
fale	venda	parta
falemos	vendamos	partamos
falem	vendam	partam

PRETÉRITO IMPERFEITO

falasse	vendesse	partisse
falasses	vendesses	partisses
falasse	vendesse	partisse
falássemos	vendêssemos	partíssemos
falassem	vendessem	partissem

FUTURO SIMPLES

falar	vender	partir
falares	venderes	partires
falar	vender	partir
falarmos	vendermos	partirmos
falarem	venderem	partirem

R

Bildung der Verbformen

Infinitivo
Der Infinitiv ist die Form, unter der ein Verb im Wörterbuch zu finden ist. Der Infinitiv endet auf **-ar**, **-er** oder **-ir**.
falar (sprechen), *vender* (verkaufen), *partir* (abfahren; weggehen)

Infinitivo pessoal
Der persönliche Infinitiv ist ein Infinitiv mit Personalendung. Dieser Infinitiv kommt im Deutschen nicht vor. Der persönliche Infinitiv wird aus dem normalen Infinitiv abgeleitet.
Die Endungen für alle Verben sind:
-, -es, -, -mos, -em
Beispiel: persönlicher Infinitiv von *falar* (sprechen)

1. Person Singular	=Infinitiv	falar
2. Person Singular	Infinitiv + -es	fala**res**
3. Person Singular	= Infinitiv	falar
1. Person Plural	Infinitiv + -mos	fala**rmos**
3. Person Plural	Infinitiv + -em	fala**rem**

Sätze, in denen der persönliche Infinitiv verwendet wird, sind z.B:

Ouço as crianças **cantarem**.   Ich höre die Kinder singen.
É bom **ficarmos** tranquilos.   Es ist gut, daß wir ruhig bleiben.

Zum Gebrauch des persönlichen Infinitivs siehe Teil G, S. 56.

Gerúndio
Die Endung lautet für die Verben auf
-ar: **-ando**; falando (sprechend)
-er: **-endo**; vendendo (verkaufend)
-ir: **-indo**; partindo (abfahrend)

Particípio
Die Endung lautet für die Verben auf
-ar: **-ado**; falado (gesprochen)
-er: **-ido**; vendido (verkauft)
-ir: **-ido**; partido (abgefahren)
Eine Anzahl Verben hat ein unregelmäßig gebildetes Partizip Perfekt. Siehe Teil U, S. 52.
Zum Gebrauch des Partizips siehe Teil G, S. 59.

R

Imperativo

Der Imperativ wird aus der 2. Person Singular Präsens abgeleitet, indem man das -s der Endung wegläßt.

falas (du sprichst) - fala (sprich)
vendes (du kaufst) - vende (verkaufe)
partes (du gehst weg) - parte (geh weg)

Für den Konjunktiv als Ersatzform siehe S. 61.

FORMEN DES INDICATIVO

Presente

Die Endungen lauten für die Verben auf
-ar: **-o**, **-as**, **-a**, **-amos**, **-am**
falo, falas, fala, falamos, falam (ich spreche, etc.)
-er: **-o**, **-es**, **-e**, **-emos**, **-em**
vendo, vendes, vende, vendemos, vendem (ich verkaufe, etc.)
-ir: **-o**, **-es**, **-e**, **-imos**, **-em**
parto, partes, parte, partimos, partem (ich fahre ab, etc.)

- Für die drei Verbgruppen ist die Endung der 1. Person Singular gleich, nämlich -o. Auch die unregelmäßigen Formen haben bei dieser Form die Endung -o.
- Die Verben auf -er und -ir unterscheiden sich nur in der Endung der 1. Person Plural, nämlich *-emos* und *-imos*.
- Bei Verben, die als Stammvokal ein o oder e haben, werden diese Vokale im Indikativ Präsens **offen** ausgesprochen, wenn sie betont werden. Das o klingt dann wie das im deutschen "komm" und das e wie das in "stellt".
gostam (sie mögen) - bebem (sie trinken): **offenes o/e**
Nur in der ersten Person Singular des Indikativ Präsens der Verben auf -er werden die betonten Stammvokale o und e **geschlossen** ausgesprochen. Das o klingt dann wie das im deutschen "loben" und das e wie das in "leben".
beber (trinken) - bebo (ich trinke): **geschlossenes e**
comer (essen) - como (ich esse): **geschlossenes o**
Vergleich: levar (mitnehmen) - levo (ich nehme mit): offenes e.
Siehe auch Bildung des Konjunktivs Präsens (S. 30).
Auf S. 32 befindet sich eine Übersicht zur Aussprache von o und e als betonte Stammvokale in der Konjugation des Indikativs Präsens und des Konjunktivs Präsens.

Pretérito perfeito simples
Die Endungen lauten für die Verben auf
-ar: **-ei**, **-aste**, **-ou**, **-ámos**, **-aram**
falei, falaste, falou, falámos, falaram (ich habe gesprochen etc.)
-er: **-i**, **-este**, **-eu**, **-emos**, **-eram**
vendi, vendeste, vendeu, vendemos, venderam (ich habe verkauft, etc.)
-ir: **-i**, **-iste**, **-iu**, **-imos**, **-iram**
parti, partiste, partiu, partimos, partiram (ich bin abgefahren, etc.)

− Die Verben auf -er und -ir haben in der ersten Person Singular dieselbe Endung, nämlich -i.
− Bei zahlreichen Verben ist die Bildung des *pretérito perfeito simples* unregelmäßig. Siehe hierzu Übersicht über die unregelmäßigen Formen, Teil U.
− Der Akzent auf dem a in der Endung *-ámos* (Verben auf -ar) kommt nur im Portugiesischen Portugals vor. Er gibt an, daß die Aussprache des a offener ist als jene des a in der Endung *-amo*s im Präsens.

Pretérito perfeito composto
Das *pretérito perfeito composto* wird gebildet aus den Präsensformen des Hilfsverbs *ter* und dem Partizip Perfekt des Hauptverbs. Die Formen lauten für die Verben auf
-ar: tenho, tens, tem, temos, têm fal**ado**
-er: tenho, tens, tem, temos, têm vend**ido**
-ir: tenho, tens, tem, temos, têm part**ido**

Pretérito imperfeito
Die Endungen lauten für die Verben auf
-ar: **-ava**, **-avas**, **-ava**, **-ávamos**, **-avam**
falava, falavas, falava, falávamos, falavam (ich sprach, etc.)
-er: **-ia**, **-ias**, **-ia**, **-íamos**, **-iam**
vendia, vendias, vendia, vendíamos, vendiam (ich verkaufte, etc.)
-ir: **-ia**, **-ias**, **-ia**, **-íamos**, **-iam**
partia, partias, partia, partíamos, partiam (ich fuhr ab, etc.)

R

- Die Verben auf -er und -ir haben dieselben Endungen.
- Nur die Verben *pôr*, *ser*, *ter* und *vir* haben ein unregelmäßiges *pretérito imperfeito*. Siehe hierzu Übersicht über die unregelmäßigen Formen, Teil U.

Pretérito mais-que-perfeito composto
Die Formen des zusammengesetzten *pretérito mais-que-perfeito* bestehen aus einer Form des *pretérito imperfeito* des Hilfsverbs *ter* (*tinha, tinhas*, etc.) und aus dem Partizip Perfekt des Hauptverbs. *Ter* entspricht dem deutschen "haben" und "sein" in den Vergangenheitszeiten.
Die Formen lauten für die Verben auf
-**ar**: tinha, tinhas, tinha, tínhamos, tinham fal**ado**
(ich hatte gesprochen. etc.)
-**er**: tinha, tinhas, tinha, tínhamos, tinham vend**ido**
(ich hatte verkauft, etc.)
-**ir**: tinha, tinhas, tinha, tínhamos, tinham part**ido**
(ich war abgefahren, etc.)

Siehe auch S. 25 für die Bildung des Partizips Perfekt.
Bei Verben, die außer einem regelmäßigen Partizip Perfekt auch ein unregelmäßiges Partizip Perfekt haben (siehe Teil U, S. 52), wird beim *pretérito mais-que-perfeito composto* das regelmäßig gebildete Partizip Perfekt verwendet. Siehe auch Teil G, S. 59.

Einfaches pretérito mais-que-perfeito
Es gibt auch eine einfache Form des *pretérito mais-que-perfeito*, die nur in der geschriebenen Sprache vorkommt.
Die Endungen dieses *pretérito mais-que-perfeito* werden bei der regelmäßigen Bildung nicht an den Stamm, sondern an den Infinitiv angefügt.
An den Infinitiv der drei Verbgruppen werden die Endungen
-**a**, -**as**, -**a**, -**amos**, -**am** angehängt.
Die Formen lauten dann für die Verben auf
-**ar**: falar**a**, falar**as**, falar**a**, falár**amos**, falar**am**
-**er**: vender**a**, vender**as**, vender**a**, vendêr**amos**, vender**am**
-**ir**: partir**a**, partir**as**, partir**a**, partír**amos**, partir**am**

R

Das einfache *pretérito mais-que-perfeito* kann (ebenso wie der Konjunktiv Futur - siehe S. 31) auch abgeleitet werden von der 2. Person Singular des *indicativo pretérito perfeito*. Dafür läßt man die Endung -ste der Form weg und hängt an den übrigen Teil die Endungen -ra, -ras, -ra, -ramos, -ram an.

Diese Ableitung gilt auch für das einfache *pretérito mais-que-perfeito* bei unregelmäßiger Bildung des *indicativo pretérito perfeito*.

Beispiel: querer (wollen)

2. Pers. Sing. indicativo pretérito perfeito	**quise**ste (du wolltest)
Einfaches pretérito mais-que-perfeito	**quise**ra (ich hatte gewollt)
	quiseras (du hattest gewollt), etc.

Da die Formen des einfachen *pretérito mais-que-perfeito* nur in der geschriebenen Sprache vorkommen, werden sie in diesem Buch in den Verblisten nicht mit aufgeführt.

Futuro simples

Beim Futur werden die Endungen nicht an den Stamm, sondern an den Infinitiv angehängt.
An den Infinitiv der drei Verbgruppen treten die Endungen
-ei, **-ás**, **-á**, **-emos**, **-ão**.
-ar: falar**ei**, falar**ás**, falar**á**, falar**emos**, falar**ão**
(ich werde sprechen, etc.)
-er: vender**ei**, vender**ás**, vender**á**, vender**emos**, vender**ão**
(ich werde verkaufen, etc.)
-ir: partir**ei**, partir**ás**, partir**á**, partir**emos**, partir**ão**
(ich werde abfahren, etc.)

R

CONDICIONAL

Condicional simples

Beim Konditional werden die Endungen ebenfalls nicht an den Stamm, sondern an den Infinitiv angehängt.
An den Infinitiv der drei Verbgruppen treten die Endungen **-ia, -ias, -ia, -íamos, -iam**.
-ar: falar**ia**, falar**ias**, falar**ia**, falar**íamos**, falar**iam**
(ich würde sprechen,etc.)
-er: vender**ia**, vender**ias**, vender**ia**, vender**íamos**, vender**iam**
(ich würde verkaufen, etc.)
-ir: partir**ia**, partir**ias**, partir**ia**, partir**íamos**, partir**iam**
(ich würde abfahren, etc.)

FORMEN DES CONJUNTIVO

Presente

Die Formen des Konjunktivs Präsens werden aus der 1. Person Singular des Indikativs Präsens abgeleitet, d.h. die Konjunktivendungen treten an die Stelle des -o der Indikativendung.
Die Endungen lauten für die Verben auf
-ar: **-e, -es, -e, -emos, -em**
fale, fales, fale, falemos, falem
-er und **-ir**: **-a, -as, -a, -amos, -am**
venda, vendas, venda, vendamos, vendam
parta, partas, parta, partamos, partam

– Im Konjunktiv Präsens der Verben auf **-er** mit Stammvokal **o** oder **e** werden diese geschlossen ausgesprochen, wenn sie betont sind (wie das o in "toben" oder das e in "leben").
beber: b**e**ba, b**e**bas, b**e**ba, bebamos, bebam : **geschlossenes e**
Siehe auch Bildung des Indikativs Präsens (S. 26).
Auf S. 32 befindet sich eine Übersicht über die Aussprache von
o und e als betonte Stammvokale in der Konjugation des Indikativs Präsens und Konjunktivs Präsens.

Pretérito imperfeito
Die Endungen lauten für die Verben auf
-ar: **-asse, -asses, -asse, -ássemos, -assem**
falasse, falasses, falasse, falássemos, falassem
-er: **-esse, -esses, -esse, -êssemos, -essem**
vendesse, vendesses, vendesse, vendêssemos, vendessem
-ir: **-isse, -isses, -isse, -íssemos, -issem**
partisse, partisses, partisse, partíssemos, partissem

Futuro simples
Die Endungen lauten für die Verben auf
-ar: **-ar, -ares, -ar, -armos, -arem**
-er: **-er, -eres, -er, -ermos, -erem**
-ir: **-ir, -ires, -ir, -irmos, -irem**
Zum Beispiel: falar, falares, falar, etc.
Der Konjunktiv Futur kann auch abgeleitet werden von der 2. Person Singular des *indicativo pretérito perfeito*. Dafür läßt man die Endung *-ste* (*fala-ste*) weg und setzt hinter den restlichen Teil der Form die folgenden Endungen:

1. und 3. Person Singular	**-r** (falar, vender, partir)
2. Person Singular	**-res** (falares, venderes, partires)
1. Person Plural	**-rmos** (falarmos, vendermos, partirmos)
3. Person Plural	**-rem** (falarem, venderem, partirem)

R

ÜBERSICHT ÜBER DIE AUSSPRACHE VON E UND O ALS BETONTE STAMMVOKALE

Es folgt eine Übersicht über die Aussprache von e und o als betonte Stammvokale in der Konjugation des Indikativs Präsens und des Konjunktivs Präsens der Verben auf -**ar** und -**er**.
Siehe auch Bildung des Indikativs Präsens (S. 26) und des Konjunktivs Präsens (S. 30).
Die **offen** ausgesprochenen Vokale (Aussprache wie das o in "kochen" und das e in "helfen") werden bezeichnet mit (**ò**), bzw. (**è**).
Die **geschlossen** ausgesprochenen Vokale (Aussprache wie das o in "loben" und das e in "leben") werden bezeichnet mit (**ô**), bzw. (**ê**).

gostar (mögen)		levar (mitnehmen)		beber (trinken)		torcer (drehen)	
PRESENTE INDICATIVO							
gosto	(ò)	levo	(è)	bebo	(ê)	torço	(ô)
gostas	(ò)	levas	(è)	bebes	(è)	torces	(ò)
gosta	(ò)	leva	(è)	bebe	(è)	torce	(ò)
gostamos		levamos		bebemos		torcemos	
gostam	(ò)	levam	(è)	bebem	(è)	torcem	(ò)
PRESENTE CONJUNTIVO							
goste	(ò)	leve	(è)	beba	(ê)	torça	(ô)
gostes	(ò)	leves	(è)	bebas	(ê)	torças	(ô)
goste	(ò)	leve	(è)	beba	(ê)	torça	(ô)
gostemos		levemos		bebamos		torçamos	
gostem	(ò)	levem	(è)	bebam	(ê)	torçam	(ô)

R

Verben mit systematischen Abweichungen

Bestimmte Verbgruppen weisen systematische Abweichungen auf. Diese Gruppen sind an bestimmten Merkmalen zu erkennen, die im folgenden bei jeder Gruppe angegeben werden. Bei den meisten Gruppen gelten die Abweichungen für alle Verben mit den entsprechenden Merkmalen. Die Beispielverben, die hierbei angegeben werden, sind häufig vorkommende Verben.
Bei einigen Gruppen gelten die Abweichungen nur für einen Teil der Verben. In diesem Fall werden die entsprechenden Verben genannt und sind kursiv gedruckt.

VERBEN MIT EINER VERÄNDERUNG IN DER SCHREIBUNG

Im Portugiesischen ist die Aussprache vom **c** und **g** abhängig vom darauffolgenden Vokal.

c klingt wie in rei**ß**en vor **e** oder **i**
c klingt wie in **k**aufen vor **a**, **o** oder **u**
g klinkt wie in Gara**g**e vor **e** oder **i**
g klingt wie in **g**eben vor **a**, **o** oder **u**

Außerdem ist es bei einer Veränderung der Schreibung noch wichtig zu wissen, daß
ç wie in rei**ß**en klingt
q wie in **k**aufen klingt
j wie in Gara**g**e klingt.

Wenn der Stamm des Verbs auf **c**, **ç** oder **g** endet, bleibt bei allen Formen des Verbs der Laut am Ende des Stammes so wie jener beim Infinitiv. Da der Laut vor den veschiedenen Endungen derselbe bleiben muß, muß die Schreibung angepaßt werden. Zum Beispiel: fi**c**ar (bleiben) - fi**c**o (ich bleibe), aber fi**qu**ei (ich bin geblieben).

R

Es folgen die Veränderungen, die in der Schreibung auftreten.

Verben auf
- **-car**   c wird zu **qu** vor **e**, um den k-Laut beizubehalten
  brin*c*ar (spielen) - brin*qu*ei (ich habe gespielt)
- **-çar**   ç wird zu **c** vor **e**, um den s-Laut beizubehalten
  come*ç*ar (beginnen) - come*c*ei (ich habe begonnen)
- **-cer**   c wird zu **ç** vor **o** oder **a**, um den s-Laut beizubehalten
  agrade*c*er (danken) - agrade*ç*o (ich danke)
- **-gar**   g wird zu **gu** vor **e**, um den g-Laut beizubehalten
  jo*g*ar (spielen) - jo*gu*ei (ich habe gespielt)
- **-ger/-gir**   g wird zu **j** vor **o** oder **a**, um den Reibelaut beizubehalten
  prote*g*er (beschützen) - prote*jo* (ich beschütze)
  a*g*ir (handeln) - a*jo* (ich handle)
- **-guir**   gu wird zu **g** vor **o** oder **a** um den g-Laut beizubehalten
  conse*gui*r (erreichen) - consi*g*o (ich erreiche)

VERBEN MIT VERÄNDERUNG DES STAMMVOKALS

Bei einer gewissen Anzahl von Verben findet bei bestimmten Verbformen eine Vokalveränderung im Stamm statt.
Es treten die folgenden Veränderungen auf:

Verben auf -ir mit Stammvokal e

Bei Verben, die auf -ir enden und ein **e** als Stammvokal haben, wird dieses e zu einem **i**
– in der ersten Person Singular des Indikativs Präsens
– in allen Flexionsformen des Konjunktivs Präsens.

Beispiel: ferir (verletzen)
indicativo presente   firo, feres, fere, ferimos, ferem
    (ich verletze, etc.)
conjuntivo presente   fira, firas, fira, firamos, firam

So auch beispielsweise bei: *despir* (ausziehen), *divertir-se* (sich vergnügen), *mentir* (lügen), *preferir* (bevorzugen), *reflectir* (überlegen), *repetir* (wiederholen), *seguir* (fortfahren), *sentir* (fühlen), *servir* (dienen), *vestir* (kleiden/anhaben).

Verben auf -ir mit Stammvokal o
Bei Verben, die auf -ir enden und ein **o** als Stammvokal haben, wird dieses o zu einem **u**
– in der ersten Person Singular des Indikativs Präsens
– in allen Flexionsformen des Konjunktivs Präsens.

Beispiel: d**o**rmir (schlafen)
indicativo presente	d**u**rmo, dormes, dorme, dormimos, dormem (ich schlafe, etc.)
conjuntivo presente	d**u**rma, d**u**rmas, d**u**rma, d**u**rmamos, d**u**rmam

So auch beispielsweise in: *descobrir* (entdecken), *engolir* (verschlingen).

Verben auf -ir mit Stammvokal u
Bei einem Teil der Verben, die auf -ir enden und ein **u** als Stammvokal haben, wird dieses u zu einem **o**, und zwar in der 2. und 3. Person Singular und in der 3. Person Plural des Indikativs Präsens.

Beispiel: s**u**bir (hinaufsteigen)
indicativo presente	s**u**bo, s**o**bes, s**o**be, s**u**bimos, s**o**bem (ich steige hinauf, etc.)

Diese Abweichung gilt für die folgenden Verben:
acudir (helfen), *assumir* (annehmen), *construir* (bauen/entwerfen), *consumir* (verbrauchen), *cuspir* (spucken), *destruir* (zerstören), *fugir* (flüchten), *sacudir* (abschütteln), *subir* ((hinauf)steigen), *sumir-se* (verschwinden). Die anderen Verben mit Stammvokal u behalten diesen Vokal in der Konjugation. Z.B.: concluir (beschließen), concluo, concluis, conclui, etc. (siehe auch die folgende Gruppe).

R

SONSTIGE VERBEN MIT SYSTEMATISCHEN ABWEICHUNGEN

Verben auf -uir
Bei Verben auf -uir wird aus dem **e** in der Endung der 2. und 3. Person Singular des Indikativs Präsens ein **i**.

Beispiel: concluir (beschließen)
indicativo presente   concluis (du beschließt)
                                     conclui (er/sie beschließt)

Verben auf -guir gehören nicht zu dieser Kategorie.

Verben auf -air
Bei Verben auf -air tritt zwischen den Stamm und die Endung ein **i**
– in der ersten Person Singular des Indikativs Präsens
– in allen Formen des Konjunktivs Präsens.
Die Endungen **-es** und **-e** der 2. und 3. Person Singular des Indikativs Präsens werden zu **-is** und **-i**.

Beispiel: sair (weggehen)
indicativo presente   saio, sais, sai, saímos, saem
                                     (ich gehe weg, etc.)
conjuntivo presente   saia, saias, saia, saiamos, saiam

Verben auf -oer
Bei Verben auf -oer werden die Endungen **-es** und **e** der 2. und 3. Person Singular des Indikativs Präsens zu -is und -i.
Bei Verben auf -oer wird in diesen Formen außerdem der Stammvokal o zu ó.

Beispiel: moer (mahlen/zerkleinern)
indicativo presente   môo, móis, mói, moemos, moem
                                     (ich mahle, etc.)

Verben auf -ear
Bei Verben auf -ear tritt im Indikativ Präsens und Konjunktiv Präsens zwischen den Stamm und die Endung ein **i**, außer in der 1. Person Plural.

Beispiel: passear (spazierengehen)
indicativo presente passeio, passeias, passeia, passeamos, passeiam (ich gehe spazieren, etc.)
conjuntivo presente passeie, passeies, passeie, passeemos, passeiem

Verben auf -iar
Bei einem Teil der Verben auf -iar tritt im Indikativ und Konjunktiv Präsens ein **e** vor das i im Stamm, außer in der 1. Person Plural.

Beispiel: odiar (hassen)
presente indicativo odeio, odeias, odeia, odiamos, odeiam
presente conjuntivo odeie, odeies, odeie, odiemos, odeiam

Diese Abweichung gilt für die folgenden Verben:
ansiar (ängstigen), *copiar* (abschreiben), *incendiar* (in Brand setzten), *mediar* (halbieren), *odiar* (hassen) und *remediar* (heilen). Für die anderen Verben auf -iar gilt diese Abweichung nicht.

Verben auf -azer und -uzir
Bei Verben auf -azer und -uzir fällt bei der 3. Person Singular des Indikativs Präsens die Endung -e weg.

fazer (tun, machen) faz (er/sie tut, macht) etc.
trazer ((mit)bringen) traz
conduzir ((auto)fahren) conduz
traduzir (übersetzen) traduz

Fazer und *trazer* haben auch unregelmäßige Formen. Siehe hierzu das folgende Kapitel.

U
UNREGELMÄSSIGE BILDUNG

Verben mit unregelmäßigen Formen

Die folgenden Seiten enthalten eine Übersicht über die unregelmäßigen Formen. Die nicht aufgeführten Formen werden regelmäßig gebildet.

Für die Anmerkungen zu den Verben mit unregelmäßigen Formen siehe S. 50.

Verben, die sowohl ein regelmäßiges als auch ein unregelmäßiges Partizip Perfekt haben, stehen in einer separaten Übersicht (S. 52).

U

INFINITIVO	PARTICÍPIO	INDICATIVO PRESENTE	INDICATIVO PRETÉRITO IMPERFEITO	INDICATIVO PRETÉRITO PERFEITO
caber *passen*		caibo cabes cabe cabemos cabem		coube coubeste coube coubemos couberam
crer *glauben*		creio crês crê cremos crêem		
dar *geben*		dou dás dá damos dão		dei deste deu demos deram
dizer *sagen* IMPERATIVO diz	dito	digo dizes diz dizemos dizem		disse disseste disse dissemos disseram
estar *sein*		estou estás está estamos estão		estive estiveste esteve estivemos estiveram

U

INDICATIVO FUTURO	CONDICIONAL	CONJUNTIVO PRESENTE	CONJUNTIVO PRETÉRITO IMPERFEITO	CONJUNTIVO FUTURO
		caiba	coubesse	couber
		caibas	coubesses	couberes
		caiba	coubesse	couber
		caibamos	coubéssemos	coubermos
		caibam	coubessem	couberem
		creia		
		creias		
		creia		
		creamos		
		creiam		
		dê	desse	der
		dês	desses	deres
		dê	desse	der
		dêmos	déssemos	dermos
		dêem	dessem	derem
direi	diria	diga	dissesse	disser
dirás	dirias	digas	dissesses	disseres
dirá	diria	diga	dissesse	disser
diremos	diríamos	digamos	disséssemos	dissermos
dirão	diriam	digam	dissessem	disserem
		esteja	estivesse	estiver
		estejas	estivesses	estiveres
		esteja	estivesse	estiver
		estejamos	estivéssemos	estivermos
		estejam	estivessem	estiverem

U

INFINITIVO	PARTICÍPIO PASSADO	INDICATIVO PRESENTE	INDICATIVO PRETÉRITO IMPERFEITO	INDICATIVO PRETÉRITO PERFEITO
fazer *tun, machen* IMPERATIVO faz	feito	faço fazes faz fazemos fazem		fiz fizeste fez fizemos fizeram
haver *haben*		hei hás há havemos/hemos hão		houve houveste houve houvemos houveram
ir *gehen*	ido	vou vais vai vamos vão	ia ias ia íamos iam	fui foste foi fomos foram
ler *lesen*		leio lês lê lemos lêem		
medir *messen*		meço medes mede medimos medem		

U

INDICATIVO FUTURO	CONDICIONAL	CONJUNTIVO PRESENTE	CONJUNTIVO PRETÉRITO IMPERFEITO	CONJUNTIVO FUTURO
farei	faria	faça	fizesse	fizer
farás	farias	faças	fizesses	fizeres
fará	faria	faça	fizesse	fizer
faremos	faríamos	façamos	fizéssemos	fizermos
farão	fariam	façam	fizessem	fizerem
		haja	houvesse	houver
		hajas	houvesses	houveres
		haja	houvesse	houver
		hajamos	houvéssemos	houvermos
		hajam	houvessem	houverem
		vá	fosse	for
		vás	fosses	fores
		vá	fosse	for
		vamos	fôssemos	formos
		vão	fossem	forem
		leia		
		leias		
		leia		
		leiamos		
		leiam		
		meça		
		meças		
		meça		
		meçamos		
		meçam		

U

INFINITIVO	PARTICÍPIO PASSADO	INDICATIVO PRESENTE	INDICATIVO PRETÉRITO IMPERFEITO	INDICATIVO PRETÉRITO PERFEITO
ouvir *hören*		ouço/oiço ouves ouve ouvimos ouvem		
pedir *bitten*		peço pedes pede pedimos pedem		
perder *verlieren*		perco perdes perde perdemos perdem		
poder *können*		posso podes pode podemos podem		pude pudeste pôde pudemos puderam
pôr *stellen, legen*	posto	ponho pões põe pomos põem	punha punhas punha púnhamos punham	pus puseste pôs pusemos puseram

U

INDICATIVO FUTURO	CONDICIONAL	CONJUNTIVO PRESENTE	CONJUNTIVO PRETÉRITO IMPERFEITO	CONJUNTIVO FUTURO
		ouça/oiça		
		ouças/oiças		
		ouça/oiça		
		ouçamos/oiçamos		
		ouçam/oiçam		
		peça		
		peças		
		peça		
		peçamos		
		peçam		
		perca		
		percas		
		perca		
		percamos		
		percam		
		possa	pudesse	puder
		possas	pudesses	puderes
		possa	pudesse	puder
		possamos	pudéssemos	pudermos
		possam	pudessem	puderem
		ponha	pusesse	puser
		ponhas	pusesses	puseres
		ponha	pusesse	puser
		ponhamos	puséssemos	pusermos
		ponham	pusessem	puserem

U

INFINITIVO	PARTICÍPIO PASSADO	INDICATIVO PRESENTE	INDICATIVO PRETÉRITO IMPERFEITO	INDICATIVO PRETÉRITO PERFEITO
querer *wollen*		quero queres quer queremos querem		quis quiseste quis quisemos quiseram
requerer *verlangen*		requeiro requeres requer requeremos requerem		
rir *lachen*		rio ris ri rimos riem		
saber *wissen*		sei sabes sabe sabemos sabem		soube soubeste soube soubemos souberam
ser *sein* IMPERATIVO sê		sou és é somos são	era eras era éramos eram	fui foste foi fomos foram

U

INDICATIVO FUTURO	CONDICIONAL	CONJUNTIVO PRESENTE	CONJUNTIVO PRETÉRITO IMPERFEITO	CONJUNTIVO FUTURO
		queira	quisesse	quiser
		queiras	quisesses	quiseres
		queira	quisesse	quiser
		queiramos	quiséssemos	quisermos
		queiram	quisessem	quiserem
		requeira		
		requeiras		
		requeira		
		requeiramos		
		requeiram		
		ria		
		rias		
		ria		
		riamos		
		riam		
		saiba	soubesse	souber
		saibas	soubesses	souberes
		saiba	soubesse	souber
		saibamos	soubéssemos	soubermos
		saibam	soubessem	souberem
		seja	fosse	for
		sejas	fosses	fores
		seja	fosse	for
		sejamos	fôssemos	formos
		sejam	fossem	forem

U

INFINITIVO	PARTICÍPIO PASSADO	INDICATIVO PRESENTE	INDICATIVO PRETÉRITO IMPERFEITO	INDICATIVO PRETÉRITO PERFEITO
ter *haben*		tenho tens tem temos têm	tinha tinhas tinha tínhamos tinham	tive tiveste teve tivemos tiveram
trazer *(mit)bringen* IMPERATIVO traz		trago trazes traz trazemos trazem		trouxe trouxeste trouxe trouxemos trouxeram
valer *gelten, wert sein*		valho vales vale valemos valem		
ver *sehen*	visto	vejo vês vê vemos vêem		vi viste viu vimos viram
vir *kommen*	vindo	venho vens vem vimos vêm	vinha vinhas vinha vínhamos vinham	vim vieste veio viemos vieram

U

INDICATIVO FUTURO	CONDICIONAL	CONJUNTIVO PRESENTE	CONJUNTIVO PRETÉRITO IMPERFEITO	CONJUNTIVO FUTURO
		tenha	tivesse	tiver
		tenhas	tivesses	tiveres
		tenha	tivesse	tiver
		tenhamos	tivéssemos	tivermos
		tenham	tivessem	tiverem
trarei	traria	traga	trouxesse	trouxer
trarás	trarias	tragas	trouxesses	trouxeres
trará	traria	traga	trouxesse	trouxer
traremos	traríamos	tragamos	trouxéssemos	trouxermos
trarão	trariam	tragam	trouxessem	trouxerem
		valha		
		valhas		
		valha		
		valhamos		
		valham		
		veja	visse	vir
		vejas	visses	vires
		veja	visse	vir
		vejamos	víssemos	virmos
		vejam	vissem	virem
		venha	viesse	vier
		venhas	viesses	vieres
		venha	viesse	vier
		venhamos	viéssemos	viermos
		venham	viessem	vierem

U

ANMERKUNGEN ZU DEN VERBEN MIT
UNREGELMÄSSIGEN FORMEN

Zusammengesetzte Verben

Für zusammengesetzte Verben gelten im allgemeinen die gleichen Unregelmäßigkeiten wie für das Grundverb.
Zum Beispiel:
dizer (sagen) - contra**dizer** (widersprechen)
digo (ich sage) - contra**digo** (ich widerspreche)
fazer (tun, machen) - des**fazer** (zerbrechen; zerreißen)
faço (ich mache) - des**faço** (ich zerbreche)
Für die folgenden Verben trifft diese Regel jedoch nicht zu:
– Zusammensetzungen von **vir** (kommen) haben - im Gegensatz zum Grundverb - ein regelmäßiges Partizip.
Zum Beispiel:
provir (herkommen) - pro**vido** (hergekommen)
aber: vir (kommen) - **vindo** (gekommen)
– Zusammensetzungen von *vir* (kommen) und *ter* (haben) haben in der Endung der 2. und 3. Person Singular des Indikativs Präsens einen Akzent auf dem Vokal.
Zum Beispiel:

convir	convéns	convém
(gelegen kommen)		
conter	conténs	contém
(beinhalten)		
manter	manténs	mantém
(unterhalten; erhalten)		

– Die Verben *prover* ((be)sorgen) und *desprover* (nicht versorgen) sind im Gegensatz zum Grundverb *ver* (sehen), in den folgenden Fällen regelmäßig:
– pretérito perfeito: provi, proveste, proveu, provemos, proveram
– conjuntivo imperfeito: provesse, provesses, provesse, provêssemos, provessem
– conjuntivo futuro: prover, proveres, prover, provermos, proverem
– particípio: provido

U

Unregelmäßiger Imperativ
Folgende Verben haben eine besondere Form für den Imperativ:
dizer (sagen) - diz (sag)
fazer (machen) - faz (mache)
ser (sein) - sê (sei)
Außerdem bilden alle Verben auf -uzir den Imperativ wie *dizer* und *fazer*:
conduzir (fahren) - conduz (fahre)

Ableitung der unregelmäßigen Formen des Konjunktivs Futur
Wie bei den regelmäßigen Verben leitet sich auch bei den unregelmäßigen Verben der Konjunktiv Futur aus der 2. Person Singular des *indicativo pretérito perfeito* ab. Dafür läßt man die Endung -ste weg und setzt hinter den restlichen Teil die Endungen -r, -res, -r, -rmos, -rem.

Beispiel: querer (wollen)
2. Pers. Sing. indicativo pretérito perfeito **quise**ste

conjuntivo futuro **quise**r
quiseres
quiser
quisermos
quiserem

Die Endungen des Konjunktivs Futur und des persönlichen Infinitivs sind identisch. Beachten Sie aber die unterschiedlichen Stämme:

	infinitivo pessoal	conjuntivo futuro
dizer (sagen)	dizer, dizeres, etc.	**disser, disseres**, etc.
fazer (tun, machen)	fazer	**fizer**
ser (sein)	ser	**for**
saber (wissen)	saber	**souber**

U

Verben mit unregelmäßigem Partizip Perfekt

Es gibt im Portugiesischen Verben mit
- einem regelmäßig gebildeten Partizip Perfekt (siehe R, S. 25)
- einem unregelmäßig gebildeten Partizip Perfekt
- einem unregelmäßig und einem regelmäßig gebildeten Partizip Perfekt.

Verben mit einem unregelmäßigen Partizip Perfekt

abrir (öffnen)	**aberto** (geöffnet), etc.
dizer (sagen)	**dito**
escrever (schreiben)	**escrito**
fazer (tun, machen)	**feito**
pôr (setzen, stellen, legen)	**posto**
ver (sehen)	**visto**
vir (kommen)	**vindo**

Verben mit einem unregelmäßigen und einem regelmäßigen Partizip Perfekt

	unregelmäßig	*regelmäßig*
aceitar (annehmen)	**aceite** (angenommen), etc.	aceitado
acender (anzünden)	**aceso**	acendido
afligir (aufregen; bekümmern)	**aflito**	afligido
agradecer ((be)danken)	**grato**	agradecido
anexar (annektieren)	**anexo**	anexado
cegar (erblinden)	**cego**	cegado
cobrir (bedecken)	**coberto**	cobrido
concluir ((ab)schließen)	**concluso**	concluido
conduzir (fahren, lenken)	**conduto**	conduzido
confundir (verwechseln)	**confuso**	confundido
convencer (überzeugen)	**convicto**	convencido
eleger (wählen)	**eleito**	elegido
entregar (übergeben)	**entregue**	entregado
enxugar ((ab)trocknen)	**enxuto**	enxugado
erigir (auf-/errichten)	**erecto**	erigido
expulsar (vertreiben)	**expulso**	expulsado
extinguir (löschen; ausrotten)	**extinto**	extinguido

U

fixar (befestigen)	**fixo**	fixado
fritar (backen)	**frito**	fritado
ganhar (gewinnen; verdienen)	**ganho**	ganhado
gastar (ausgeben)	**gasto**	gastado
incluir (einschließen)	**incluso**	incluído
juntar ((an)häufen; (an)sammeln)	**junto**	juntado
limpar (säubern)	**limpo**	limpado
manifestar (offenbaren)	**manifesto**	manifestado
morrer (sterben)	**morto**	morrido
pagar (bezahlen)	**pago**	pagado
prender (befestigen; festnehmen)	**preso**	prendido
romper (zerbrechen)	**roto**	rompido
secar ((aus)trocknen)	**seco**	secado
segurar ((ver)sichern)	**seguro**	segurado
sujeitar (unterwerfen)	**sujeito**	sujeitado
suspeitar (argwöhnen; vermuten)	**suspeito**	suspeitado
suspender (unterbrechen)	**suspenso**	suspendido
viver (leben; wohnen)	**vivo**	vivido

Zum Gebrauch des Partizips Perfekt siehe Teil G, S. 59.

G

GEBRAUCH

Der folgende Teil enthält Regeln für den Gebrauch bestimmter Formen und Verben, deren Unterscheidung Schwierigkeiten bereiten kann.

Infinitivo

Das Portugiesische hat zwei Arten von Infinitiv: den unpersönlichen Infinitiv (*infinitivo* oder *infinitivo impessoal*) und den persönlichen Infinitiv (*infinitivo pessoal*).
Der Gebrauch dieser zwei Arten von Infinitiv ist nicht gänzlich an feste Regeln gebunden. In einigen Fällen ist der Gebrauch des einen oder des anderen Infinitivs obligatorisch, in anderen Fällen wird der eine oder der andere bevorzugt verwendet, und gelegentlich kann auch zwischen beiden Infinitiven frei gewählt werden.

Infinitivo impessoal
Der Gebrauch des unpersönlichen Infinitivs ist in den folgenden Fällen obligatorisch:
1) In Hauptsätzen, in denen *deixar* (lassen), *fazer* (tun, machen), *ouvir* (hören), *sentir* (fühlen) oder *ver* (sehen) vorkommen, und in denen das direkte Objekt ein Pronomen ist.
   Faça-os **entrar**.
   Laß sie hereinkommen.
   Ouvem-nos **conversar**.
   Sie hören uns reden.
2) Nach Adjektiven, auf die ein *de* (zu) oder *a* (zu) folgt, wie zum Beispiel:
   capaz de (fähig zu), *difícil de* (schwierig zu), *digno de* (angemessen zu), *disposto a* (bereit zu), *fácil de* (einfach zu).
   Estes problemas são difíceis de **compreender**.
   Diese Aufgaben sind schwer zu verstehen.
   Estava sempre disposto a **ajudar** os colegas.
   Er war immer bereit, den Kollegen zu helfen.

G

3) In Hauptsätzen, in denen auf das Verb eine Präposition folgt, und in denen das Subjekt des Hauptsatzes mit dem des Nebensatzes identisch ist.
   Zum Beispiel:

acabar de fazer	fertigmachen, aufhören zu tun
acabar por fazer	schließlich etw. tun
cansar-se de	müde sein zu
começar a	anfangen zu
deixar de	aufhören zu, vergessen zu
esquecer-se de	vergessen, verlernen zu
estar a fazer	gerade dabei sein etw. zu tun
ocupar-se de	sich beschäftigen mit
ter de/que	müssen
tornar a fazer	wieder tun
voltar a fazer	wieder, noch einmal tun

   Canso-me de **dizer** sempre as mesmas coisas.
   Ich bin es müde, immer die gleichen Dinge zu sagen.
   Esqueci-me de **agradecer**.
   Ich habe vergessen, mich zu bedanken.
   Estava a **brincar**.
   Er war gerade dabei zu spielen.

4) In Hauptsätzen, in denen ein Verb steht, das einen Wunsch, eine Entscheidung oder eine Verpflichtung ausdrückt, wie: *desejar* (wünschen), *querer* (wollen), *ousar* (wagen), *arriscar-se de* (Gefahr laufen zu), *optar* (optieren), *criticar* (kritisieren), *decidir* (entscheiden), *resolver* (erledigen, beschließen) und ähnliche Verben.

   Ousas **pedir** mais dinheiro?
   Wagst du es, mehr Geld zu verlangen?
   Desejaram **ser** deixados em paz.
   Sie haben gewünscht, in Ruhe gelassen zu werden.

Infinitivo pessoal

Der Gebrauch des persönlichen Infinitivs ist obligatorisch, wenn das Subjekt des Nebensatzes nicht identisch ist mit dem des Hauptsatzes.

Não penso **seres** tu a culpada do acidente.
Ich glaube nicht, daß du an dem Unfall schuld bist.

G

In folgenden Fällen wird vorzugsweise der persönliche Infinitiv benutzt:
1) Wenn der Infinitiv ein reflexives Verb ist, oder wenn er im Passiv steht.
    É raro **esquecerem-se** do aniversário da mãe.
    Es kommt selten vor, daß sie den Geburtstag der Mutter vergessen.
    Os rapazes afirmaram não **serem avisados** a tempo.
    Die Jungen behaupteten, daß sie nicht rechtzeitig informiert worden seien.
2) Wenn der Nebensatz durch eine Präposition eingeleitet wird und dem Hauptsatz vorangeht.
    Ao sabermos que ela telefonou, ficámos tranquilos.
    Als wir wußten, daß sie telefoniert hatte, waren wir beruhigt.
    Por termos tanto trabalho não pudemos descansar.
    Da wir soviel Arbeit hatten, konnten wir nicht ausspannen.
3) Um, wenn nötig, das Subjekt des Satzes deutlicher herauszustellen.
    Há o risco de **virmos** a ser os suspeitos.
    Es besteht das Risiko, daß wir verdächtigt werden.

Im folgenden Fall ist der Gebrauch des unpersönlichen Infinitivs und des persönlichen Infinitivs gleichermaßen möglich:
Nach den Verben *ver* (sehen), *ouvir* (hören), *sentir* (fühlen), *fazer* (tun, machen) und *parecer* ((er)scheinen), wenn in dem Satz kein Pronomen als direktes Objekt vorkommt (siehe auch A, S. 18).
  Fiz os hóspedes **ver** a casa toda.
  Fiz os hóspedes **verem** a casa toda.
  Ich habe den Gästen das ganze Haus gezeigt.
  Ouve-se os cães **ladrar** aos transeuntes.
  Ouve-se os cães **ladrarem** aos transeuntes.
  Man hört die Hund die Passanten anbellen.

G

Gerúndio

Das Gerundium wird wie folgt gebraucht:
Das selbständige Gerundium kann einen Nebensatz ersetzen.
 Não **conseguindo** dormir, fui tomar leite na cozinha.
 Da ich nicht einschlafen konnte, ging ich in die Küche, um Milch zu trinken.
 Não **tendo** dinheiro, desistimos da viagem.
 Da wir kein Geld haben, treten wir von der Reise zurück.
 Estudando bem, passou pelo exame difícil.
 Da er viel gelernt hatte, bestand er die schwierige Prüfung.
Dem Gerundium kann auch ein *em* vorausgehen. Dadurch wird dann ein Nebensatz ersetzt, der etwas ausdrückt, das der Handlung des Hauptsatzes unmittelbar vorangegangen ist.
 Em abrindo a janela ela ouviu vozes no jardim.
 Sobald sie das Fenster geöffnet hatte, hörte sie Stimmen im Garten.

Durch eine Kombination von Gerundium und einer Form von *andar* (gehen), *continuar* (fortfahren), *estar* (sein), *ficar* (bleiben), *viver* (leben) oder *ir* (gehen) wird ausgedrückt, daß etwas gerade geschieht oder daß es sich um eine Situation handelt, die andauert.
 Ando procurando um quarto em Coimbra.
 Ich bin auf der Suche nach einem Zimmer in Coimbra.
 Continuam sendo bons amigos.
 Sie sind weiterhin gute Freunde.
 Estavam almoçando na sala.
 Sie waren beim Mittagessen im Wohnzimmer.
Im Portugiesischen Portugals wird häufig *estar a* + Infinitiv verwendet, während im Portugiesischen Brasiliens *estar* + Gerundium gebraucht wird. Für den Gebrauch von *estar a* + Infinitiv siehe auch S. 65.

G

Particípio passado

Das Partizip Perfekt wird wie folgt verwendet.
Mit Hilfe des Partizips und Formen des Hilfsverbs *ter* (haben, sein) werden die zusammengesetzten Zeiten gebildet.

Talvez não **tivessem compreendido** tudo.
Vielleicht hatten sie nicht alles verstanden.
Eu **tinha enxugado** os pratos.
Ich hatte die Teller abgetrocknet.
Ninguém **tinha chegado** na hora.
Niemand war pünktlich gekommen.

In diesem Fall ist das Partizip unveränderlich, es endet stets auf -o.

Mit Hilfe des Partizips und einer Form von *ser* (hier: "werden" und "sein") werden Passivsätze gebildet.

O ladrão **foi preso**.
Der Dieb wurde festgenommen.
A velha casa **será demolida**.
Das alte Haus wird abgerissen werden.

In diesem Fall ist das Partizip veränderlich wie ein Adjektiv. Es richtet sich in Geschlecht (maskulin oder feminin) und Zahl (Singular oder Plural) nach dem Subjekt. Im obigen Beispielsatz endet *demolida* auf -a, weil *casa* feminin ist und im Singular steht.

Verben mit zwei Partizipien

Es gibt Verben, die zwei Partizipien haben, ein regelmäßiges und ein unregelmäßiges. Zu den Formen siehe S. 52. und 53.
Das regelmäßig gebildete Partizip wird für die Bildung der zusammengesetzten Zeiten verwendet, das unregelmäßig gebildete Partizip für die Bildung des Passivs.

G

Indicativo - Conjuntivo

Der Gebrauch des portugiesischen Indikativs entspricht dem des deutschen Indikativs und stellt somit keine Schwierigkeiten dar. Im Portugiesischen wird jedoch auch der Konjunktiv häufig verwendet, während dieser im Deutschen kaum mehr angewandt wird (siehe auch A, S. 12). Der Gebrauch des Konjunktivs verdient daher besondere Beachtung.

Der Indikativ drückt Sicherheit aus über die Situation oder das Ereignis, von dem die Rede ist.
    Chamo-me Duarte.
    Ich heiße Duarte.
Der Konjunktiv drückt Unsicherheit aus über die Situation oder das Ereignis, von dem die Rede ist.
Der Konjunktiv kann in den meisten Verbzeiten vorkommen und drückt Unsicherheit aus in bezug auf die Gegenwart, die Zukunft oder die Vergangenheit.
Der Konjunktiv kann auch in Hauptsätzen vorkommen, er wird aber überwiegend in Nebensätzen verwendet. Beim Konjunktiv im Nebensatz gibt das Verb im Hauptsatz häufig die Art der Unsicherheit an, z.B. Hoffnung, Erwartung, Furcht etc.

Konjunktiv in Hauptsätzen
In den folgenden Fällen wird der Konjunktiv in Hauptsätzen gebraucht.
1) Wenn Adverbien **vor** dem Verb stehen, die eine Möglichkeit oder eine Erwartung ausdrücken, wie:
   oxalá (hoffentlich), *provavelmente* (wahrscheinlich), *talvez* (vielleicht), *possivelmente* (möglicherweise), *caso* oder *em caso que* (falls) und ähnliche Ausdrücke.
   Oxalá a dor **passe** rápidamente.
   Hoffentlich geht der Schmerz schnell weg.
   Talvez eu **venha** também.
   Vielleicht komme ich auch.
   Wenn jedoch ein derartiges Adverb hinter dem Verb steht, so wird der Indikativ verwendet.
   A dor passa, oxalá.
   Der Schmerz geht hoffentlich weg.
2) Um eine Aufforderung im bejahten Satz auszudrücken (in der Sie-Form).
   Sentem-se aqui, faz favor.
   Bitte setzen Sie sich hier hin.
   Tenha paciência.
   Haben Sie Geduld.
3) Um eine Aufforderung im verneinten Satz auszudrücken (in der du-, ihr- und Sie-Form).
   Não **fales** tão alto.
   Sprich nicht so laut.
4) Um eine Anregung auszudrücken.
   Não se **deixem** iludir pelas aparências.
   Lassen Sie sich nicht vom Schein trügen.
   Calculemos as despezas.
   Laßt uns die Unkosten berechnen.
   In der Umgangssprache wird eine Anregung in der wir-Form auch oft ausgedrückt durch *vamos* + Infinitiv.
   Vamos calcular as despezas.
   Laßt uns die Unkosten berechnen.
5) In Sätzen, die mit *que...* beginnen und einen (rhetorischen) Wunsch ausdrücken.
   Que **possam** calcular as consequências!
   Hoffentlich können sie die Folgen absehen!

G

Konjunktiv in Nebensätzen

In den folgenden Fällen wird der Konjunktiv im Nebensatz verwendet.

1) Wenn das Verb im Hauptsatz einen Gemütszustand, einen Zweifel oder einen Wunsch ausdrückt.
   É pena que não nos **conhecêssemo**s mais cedo.
   Es ist schade, daß wir uns nicht früher kennengelernt haben.
   Não digo que a sua atitude **fosse** boa.
   Ich sage nicht, daß sein Verhalten gut war.
   Peço que **esperem** uns minutos.
   Ich bitte Sie, ein paar Minuten zu warten.

2) Nach Konjunktionen, die eine Eventualität (etwas, das vielleicht geschehen wird) ausdrücken, wie: *enquanto* (solange), *logo que* (sobald), *se* (wenn) und viele andere. In diesem Fall steht der Konjunktiv meistens im Futur.
   Se **quiserem**, acompanho-vos.
   Wenn ihr wollt, begleite ich euch.
   Enquanto não **houve**r notícias, não podemos fazer nada.
   Solange wir keine Nachricht haben, können wir nichts machen.
   Logo que ela **vier**, aviso-a.
   Sobald sie kommt, benachrichtige ich sie.

3) Wenn ein Nebensatz, der durch *se* (wenn) eingeleitet wird, eine irreale Bedingung ausdrückt. Haupt- und Nebensatz geben dann eine imaginäre, irreale Situation wieder. Im Nebensatz steht in diesem Fall der Konjunktiv Imperfekt.
   Se **fosse** mais jovem, aceitaria o lugar.
   Wenn ich jünger wäre, würde ich die Stellung annehmen.

4) In Relativsätzen, die eine nicht spezifische, nicht näher umschriebene Sache oder Person bezeichnen.
   Procuro quem me **possa** ajudar.
   Ich suche jemanden, der mir helfen kann.
   Não existe quem o **substitua**.
   Es gibt niemanden, der ihn ersetzen kann.
   Aber in Relativsätzen, die eine spezifische, deutlich umschriebene Sache oder Person bezeichnen, wird der Indikativ verwendet.
   Procuro o rapaz que se esqueceu da mala.
   Ich suche den Jungen, der seinen Koffer vergessen hat.

G

Pretérito perfeito - Pretérito imperfeito

Der Gebrauch dieser Vergangenheitszeiten stimmt in mancher Hinsicht mit dem Perfekt (ich habe gesehen) und dem Imperfekt (ich sah) im Deutschen überein.

Pretérito perfeito

Das *pretérito perfeito* wird verwendet, um ein abgeschlossenes Ereignis in der Vergangenheit auszudrücken.
    Li o artigo na semana passada.
    Ich habe den Artikel letzte Woche gelesen.

Das *pretérito perfeito* kann auch das plötzliche Eintreten des Ereignisses betonen.
    Ele **saiu** depressa.
    Er ging plötzlich weg.
    Escureceu rápido.
    Es wurde schnell dunkel.

Bei der Übersetzung derartiger Sätze ins Deutsche kommt dieser Aspekt zuweilen durch eine spezielle Wortwahl zum Ausdruck.
    Houve grande confusão (haver - es gibt).
    Es *entstand* große Verwirrung.
    Soubemos que a festa foi cancelada (saber - wissen).
    Wir haben *erfahren*, daß das Fest abgesagt wurde.

Pretérito imperfeito

Das *pretérito imperfeito* wird in den folgenden Fällen verwendet:
Für die Beschreibung einer Situation oder eines Ereignisses in der Vergangenheit, wobei Beginn und Ende außer acht gelassen werden.
    O meu pai **era** pobre.
    Mein Vater war arm.

Um eine Gewohnheit in der Vergangenheit zu beschreiben.
    No verão **íamos** à praia.
    Im Sommer gingen wir zum Strand.

In der gesprochenen Sprache wird das *pretérito imperfeito* verwendet, um auf eine höfliche Art einen Wunsch auszudrücken.
    Gostava de falar com o profesor.
    Ich würde gern mit dem Lehrer sprechen.

G

In der gesprochenen Sprache wird das *pretérito imperfeito* häufig an Stelle des Konditional verwendet (siehe auch A, S. 14), vor allem, wenn ein Personalpronomen bei der Verbform steht.

Se eu fosse tu, não **ia** às aulas (não *iria*).

Wenn ich du wäre, würde ich nicht zum Unterricht gehen.

Eu **dizia** que a Maria era uma mulher muito bonita (*diria*).

Ich würde sagen, daß Maria eine sehr schöne Frau war.

Zur Stellung des Personalpronomens bei der Verbform siehe Teil A, S. 18.

G

"Estar" und "ser"

Sowohl *ser* als auch *estar* haben im Deutschen die Bedeutung von "sein". Im folgenden wird auf den unterschiedlichen Gebrauch von *ser* und *estar* eingegangen.

Estar
Estar (sein) wird verwendet in der Bedeutung von:
— "sich befinden", wenn das Subjekt etwas ist, das beweglich ist.
  Onde **estão** os alunos?
  Wo sind die Schüler?
  O carro **estava** na garagem.
  Das Auto stand (war) in der Garage.
— "sein", wenn damit eine vorübergehende Situation angezeigt wird, und wenn auf *estar* ein Adjektiv folgt.
  Ontem **estive** doente.
  Gestern war ich krank.
  Estou feliz de tê-lo encontrado.
  Ich bin glücklich, ihn gefunden zu haben.
— "sein", wenn das Ergebnis einer Handlung beschrieben wird.
  Os problemas **estão** completamente resolvidos.
  Die Probleme sind vollends gelöst.
  O chão **está** limpo.
  Der Fußboden ist sauber.
— "gerade dabei sein (etw. zu tun)", wenn auf *estar* ein *a* + Infinitiv oder ein Gerundium folgt.
  Chamamos os dois alunos que **estão** a beijar-se (se beijando).
  Wir rufen die zwei Schüler, die sich gerade küssen.
  Estão a ver (vendo)? Está tudo pronto a horas.
  Seht ihr? Es ist alles pünktlich fertig.

Im Portugiesischen Portugals ist *estar a* + Infinitiv die am häufigsten verwendete Form um auszudrücken, daß etwas gerade geschieht. In Brasilien wird in einem solchen Fall meistens *estar* + Gerundium gebraucht (siehe G, S. 58).

G

Außerdem hat *estar*, in Kombination mit anderen Wörtern, noch folgende Bedeutungen:.
estar para + Infinitiv - im Begriff sein zu
 Quando cheguei, a Rosa estava para sair.
 Als ich ankam, war Rosa gerade im Begriff zu gehen.
estar por + Infinitiv - noch zu tun sein
 Há muitas cartas que estão por escrever.
 Es sind noch viele Briefe zu schreiben.
estar com + Substantiv - haben, besitzen
estar com fome / sede / pena - Hunger / Durst / Mitleid haben
estar com calor / frio - (jmd.) warm / kalt sein
estar com medo - Angst haben

Ser

Ser (sein) wird verwendet in der Bedeutung von:
– "irgendwo sein", wenn das Subjekt etwas ist, das nicht beweglich ist.
 Onde **é** a estação?
 Wo ist die Haltestelle?
 A escola **é** noutro bairro.
 Die Schule ist in einem anderen Stadtviertel.
– "sein", wenn damit eine bleibende Eigenschaft oder ein bleibendes Merkmal des Subjekts angezeigt wird.
 Muitos alemães **são** loiros.
 Viele Deutsche sind blond.
 O pai do Nuno **é** juiz.
 Der Vater von Nuno ist Richter.
– "sein", wenn damit eines der folgenden Dinge angezeigt wird:
Besitz:
Esta **é** a minha irmã.
Das ist meine Schwester.
Material:
Esta parede **é** de madeira.
Diese Wand ist aus Holz.
Herkunft:
Aquele casal **é** de Portugal.
Jenes Ehepaar stammt aus Portugal.

Bestimmung:
O colar **é** para a minha mulher.
Diese Kette ist für meine Frau.
- in unpersönlichen Ausdrücken ("es ist..."):
 é certo - es ist sicher
 é cedo - es ist früh
 é possível - es ist möglich
 é claro - es ist klar
 é preciso - es ist notwendig
 Für Zeitangaben wird im Portugiesischen die 3. Person Plural von *ser* gebraucht (es sei denn, daß ein Uhr, eine Minute etc. angesagt wird).
 são quatro e meia - es ist halb fünf
 são três horas - es ist drei Uhr
 aber:
 é uma hora - es ist ein Uhr
 é meio dia - es ist zwölf Uhr mittags
 é meia noite - es ist Mitternacht
- "werden" bei der Passivform (in Kombination mit einem Partizip Perfekt)
 Esta palavra **é pronunciada** sempre erradamente.
 Dieses Wort wird immer falsch ausgesprochen.

L

LISTE DER REGELMÄSSIGEN UND UNREGELMÄSSIGEN VERBEN

Diese Liste enthält:
- die Verben mit unregelmäßigen Formen aus der Übersicht in Teil U (ab S. 40)
- die Verben aus der Liste mit den unregelmäßigen Partizipien (Teil U, S. 52)
- die häufig verwendeten Verben mit systematischen Abweichungen (Teil R, ab S. 33)
- die häufig verwendeten regelmäßigen Verben.

Hinter den Verben mit unregelmäßiger Bildung oder mit systematischen Abweichungen steht ein Hinweis auf die Seite im Buch, auf der dieses Verb oder eine Erklärung zu diesem Verb zu finden ist.

L

abaixar	senken; herunterlangen
abanar	fächeln; schütteln
abraçar S. 34	umarmen
abrir S. 52	öffnen
abusar	mißbrauchen
acabar	aufhören; beenden
acalmar	beruhigen
acampar	lagern; zelten
aceitar S. 52	annehmen
acenar	winken
acender S. 52	anzünden
acertar	treffen
achar	finden; meinen
acompanhar	begleiten
aconselhar	raten
acontecer S. 34	passieren; vorkommen
acordar	wach werden; wecken
acostumar-se	sich gewöhnen
acreditar	glauben
acrescentar	hinzufügen; vermehren
acudir S. 35	helfen
acusar	beschuldigen
adaptar	anpassen
adiantar	vorwärtstreiben
adiar	aufschieben
adivinhar	wahrsagen; vorhersehen; erraten
admirar	bewundern; erstaunen
admitir	zulassen
adoecer S. 34	erkranken; krank werden
adormecer S. 34	einschlafen; einschläfern
afastar	entfernen
afirmar	behaupten; bejahen
afligir S. 34, 52	aufregen; bekümmern
agarrar	packen; fassen
agir S. 34	handeln; eingreifen
agitar	bewegen; schütteln
agradar	gefallen
agradecer S. 34, 52	sich bedanken

L

aguentar	halten; tragen: aushalten
ajudar	helfen
alargar S. 34	(sich) erweitern; ausdehnen
alimentar	ernähren; beköstigen
aliviar	erleichtern; befreien
almoçar S. 34	zu Mittag essen
alugar S. 34	vermieten
amar	lieben
ameaçar S. 34	bedrohen
andar	gehen; fahren
anexar S. 52	annektieren
ansiar S. 37	ängstigen
antever *wie* ver S. 48	voraussehen
anunciar	ankündigen; anzeigen
apagar S. 34	ausmachen
apaixonar-se por	sich verlieben in
apanhar	aufheben; (er)fassen
aparecer S. 34	erscheinen; kommen
apertar	pressen
apetecer S. 34	Lust haben (auf)
aplicar S. 34	anwenden; verwenden
apoiar	stützen
apontar	zeigen
apostar	setzen
apreciar	schätzen; zu würdigen wissen
aprender	lernen; studieren
apresentar	aufweisen; präsentieren
apressar-se	sich beeilen
aproveitar	ausnützen
aproximar-se	sich nähern
aquecer S. 34	(er)wärmen; erhitzen
arder	brennen
arrancar S. 34	ausreißen; losreißen
arranjar	finden; reparieren
arrastar	wegschleppen; mitreißen
arrefecer S. 34	(ab)kühlen; abschrecken
arrepender-se	in sich gehen
arriscar-se de S. 34	wagen; Gefahr laufen zu

L

arrumar	verstauen; unterbringen
aspirar	einatmen; einsaugen
assaltar	anfallen; überfallen
assar	braten; rösten
assassinar	ermorden
assegurar	versichern; zusichern
assentar	aufsetzen; aufstellen; sich setzen
assinar	unterschreiben; festlegen
assistir	beiwohnen
assumir S. 35	übernehmen
assustar-se	erschrecken
atacar S. 34	angreifen
atar	verbinden; verknüpfen
atender	bedienen; beachten
atenuar	verdünnen; abschwächen
aterrar	landen
atingir S. 34	erreichen
atirar	schlendern; werfen
atrair S. 36	anziehen
atrasar	zurückstellen; verzögern
atravessar	überqueren
atrever-se	sich erdreisten
aumentar	vermehren; vergrößern
autorizar	berechtigen; genehmigen
avaliar	(ein)schätzen; taxieren
avançar S. 34	vorschieben; vorwärts bringen
avisar	Bescheid sagen
avistar	sichten; erblicken
baixar	senken
bastar	genügen
bater	klopfen
beber	trinken
beijar	küssen
bemquerer *wie* querer S. 46	gern haben; wohlwollen
bendizer *wie* dizer S. 40	segnen; preisen
benzer	segnen
botar	schmeißen; ausstoßen

L

bradar	schreien; brülllen
brilhar	glänzen
brincar S. 34	spielen; scherzen
buscar S. 34	suchen
caber S. 40	passen
cair S. 36	hinfallen
calar-se	schweigen
calçar S. 34	anziehen; tragen
calcular	berechnen
caminhar	wandern; gehen
cancelar	absperren; aussperren
cansar	ermüden; langweilen
cantar	singen
carregar S. 34	beladen
casar (com)	trauen; heiraten
castigar S. 34	(be)strafen
causar	verursachen
ceder	abtreten; überlassen
cegar S. 34, 52	erblinden
chamar	rufen; aussprechen
chamar-se	heißen
chatear S. 37	(ver)ärgern
chegar S. 34	ankommen
cheirar	riechen
chocar S. 34	Anstoß erregen; empören
chorar	weinen
chover	regnen
chupar	lutschen; schlürfen
coar	durchschlagen; filtrieren
cobrir S. 52	bedecken
colar	(auf)leimen; (auf)kleben
colher	ernten; pflücken
colocar S. 34	stellen; anordnen
combinar	abmachen
começar S. 34	anfangen
comer	essen
cometer	begehen

L

comparar	vergleichen
completar	ergänzen
compor *wie* pôr S. 44	komponieren
comportar-se	sich benehmen
comprar	kaufen
compreender	begreifen
comunicar S. 34	sprechen; mitteilen
concluir S. 36, 52	beschließen
concordar	einverstanden sein
concorrer	zusammentreffen
condizer *wie* dizer S. 40	passen zu; übereinstimmen
conduzir S. 37, 52	fahren
conferir S. 35	überprüfen
confessar	gestehen
confiar	anvertrauen
confirmar	bestätigen
confundir S. 52	verwechseln; verwirren
conhecer S. 34	kennen; kennenlernen
conseguir S. 34	können; erreichen; bekommen
consentir S. 35	erlauben
consertar	ausbessern; reparieren
conservar	erhalten; beibehalten
considerar	bedenken; erwägen
consistir (em)	bestehen aus
consolar	trösten
constar	verlaufen; bekannt werden
constipar-se	sich erkälten
construir S. 35, 36	bauen
consumir S. 35	verzehren; aufbrauchen
contar	erzählen; zählen
conter S. 48, 50	enthalten
continuar	fortfahren; fortbestehen
contradizer S. 40	widersprechen
contrafazer S. 42	vortäuschen; nachmachen
convencer S. 34, 52	überzeugen
conversar	sich unterhalten
convidar	einladen
convir *wie* vir S. 48, 50	passen; gelegen kommen

L

copiar S. 37	abschreiben; nachahmen
correr	laufen
cortar	schneiden
coser	nähen
costumar	pflegen
cozer	kochen
cozinhar	kochen
crer S. 40	glauben
crescer S. 34	wachsen
criar	erschaffen; erzeugen
criticar S. 34	kritisieren
cuidar	versorgen; achtgeben
cumprimentar	begrüßen; beglückwünschen
cumprir	erfüllen
curar-se	sich behandeln; heilen
cuspir S. 35	spucken
custar	kosten; schwerfallen
dançar S. 34	tanzen
dar S. 40	geben; erteilen
decepcionar	enttäuschen
decidir-se	sich entschließen
declarar	erklären
defender	verteidigen
deitar	werfen; hinlegen
deitar-se	schlafen gehen
deixar	lassen
demorar	dauern
depender	abhängen
desaconselhar	abraten
desaparecer S. 34	verschwinden
desatar	aufknoten; lösen
descalçar S. 34	ausziehen
descansar	ausruhen; rasten
descarregar S. 34	entladen
descer S. 34	herunterkommen; herabnehmen

L

descobrir	entdecken
wie cobrir S. 35, 52	
desconfiar	mißtrauen
desculpar	entschuldigen
desejar	wünschen
desenhar	zeichnen
desenvolver	entwickeln
desertar	entvölkern; desertieren
desfazer *wie* fazer S. 42	zerreißen
desiludir	enttäuschen
desistir	aufgeben
desligar S. 34	lösen; aufbinden
desmarcar S. 34	unkenntlich machen
despachar	abfertigen; erledigen
despedir S. 34	verabschieden
despedir-se S. 34	sich verabschieden
despertar	wecken
despir S. 35	ausziehen
desprover	nicht versorgen
wie ver S. 48, 50	
destruir S. 35	vernichten
deter *wie* ter S. 48, 50	zurückhalten; aufhalten
dever	müssen; sollen
devolver	zurückgeben
diminuir S. 36	verringern
dirigir S. 34	führen; leiten
discutir	durchsprechen; erörtern
dispor *wie* pôr S. 44	anordnen; verfügen
distinguir S. 35	unterscheiden
distrair-se S. 36	nicht aufpassen; sich vertun
divertir-se S. 35	sich amüsieren
dividir	teilen
dizer S. 40, 52	sagen
dobrar	verdoppeln
doer S. 36	schmerzen; weh tun
dormir S. 35	schlafen
durar	dauern
duvidar	zweifeln

L

educar S. 34	erziehen
eleger S. 34, 52	wählen
embrulhar	einwickeln
empregar S. 34	jmd. einstellen; etw. gebrauchen
emprestar	leihen
empurrar	stoßen; drücken
enamorar-se	sich verlieben
encarregar S. 34	auftragen; beauftragen
encerrar	schließen
encher	füllen
encomendar	beauftragen
encontrar	treffen
encontrar-se	sich befinden
encostar-se	sich lehnen
enfeitar	verzieren
enfiar	hineintun
enganar	betrügen; täuschen
enganar-se	sich irren
engolir S. 35	schlucken
enrolar	aufrollen; einwickeln
ensaiar	ausprobieren; prüfen
ensinar	lehren; zeigen
entender	verstehen; meinen
entrar	betreten; hereinkommen
entregar S. 34, 52	übergeben; aushändigen
entreter	unterhalten
wie ter S. 48, 50	
enviar	entsenden; übersenden
enxugar S. 34, 52	abtrocknen
erigir S. 34, 52	aufrichten; errichten
escapar	entwischen; entrinnen
escolher	auswählen
esconder	verbergen
escovar	(ab)bürsten
escrever S. 52	schreiben
escusar	entschuldigen
escutar	hören
esfriar	(ab)kühlen

L

esforçar-se S. 34	sich anstrengen
esfregar S. 34	reiben
esmagar S. 34	(zer)quetschen; erdrücken
espalhar	(zer)streuen; verbreiten
espantar	erschrecken
esperar	warten; erwarten
espetar	aufspießen
espreitar	(be)lauern; beobachten
esquecer-se S. 34	vergessen
estacionar	halten; stehenbleiben
estar S. 40, 65	sein
estender	(aus)strecken; ausbreiten
estimar	(ein)schätzen; achten
estragar S. 34	verderben; verschwenden
estranhar	seltsam finden
estrear S. 37	einweihen
estudar	studieren
esvaziar	leeren; auspumpen
evitar	vermeiden
exagerar	übertreiben
examinar	beobachten
excitar-se	erregen; reizen
exclamar	ausrufen; plötzlich sagen
exigir S. 34	verlangen
existir	bestehen
experimentar	erproben; prüfen
explicar S. 34	erklären
expor *wie* pôr S. 44	ausstellen
exprimir	ausdrücken
expulsar S. 52	vertreiben
extinguir S. 34, 52	(aus)löschen; ausrotten
falar	sprechen
falhar	fehlschlagen; versagen
faltar	fehlen; ausbleiben
fartar-se	sich sättigen
fazer S. 42, 52	tun; machen
fechar	schließen

L

ferir S. 35	verletzen
ferver	kochen
festejar	feiern
ficar S. 34	sein; bleiben
fingir S. 34	vortäuschen
fixar S. 52	befestigen; festmachen
forçar S. 34	zwingen
formar	sich bilden
frear S. 37	bremsen
frequentar	regelmäßig besuchen
fritar S. 52	backen
fugir S. 34, 35	fliehen
fumar	rauchen
funcionar	funktionieren
ganhar S. 52	gewinnen; verdienen; bekommen
garantir	gewährleisten; bürgen für
gastar S. 52	ausgeben
gemer	stöhnen; ächzen
gostar	mögen; gern haben
gozar	genießen
gravar	bespielen; aufnehmen
gritar	rufen; schreien
guardar	bewahren; aufbewahren
guiar	führen; leiten
habituar-se	gewöhnen
haver S. 42	haben; besitzen; bekommen
haver de S. 42	sollen
hesitar	zögern
ignorar	nicht wissen
imaginar	sich vorstellen
imitar	nachahmen
impedir *wie* pedir S. 44	verhindern
impor *wie* pôr S. 44	auferlegen
importar-se	Wert legen auf; sich kümmern um
impressionar	beeindrucken

L

imprimir	einflößen; drücken
incendiar S. 37	in Brand setzen
inclinar	neigen; beugen
incluir S. 36, 52	einschließen
incomodar	stören
indicar S. 34	zeigen; nennen
informar	jmd. in Kenntnis setzen
inserir S. 34	einfügen
insistir	bestehen
interromper *wie* romper S. 52	unterbrechen
intervir *wie* vir S. 48, 50	dazwischenkommen; eingreifen
inventar	erfinden
inverter	umkehren
investigar S. 34	erforschen; prüfen
ir S. 42	gehen; fahren
ir-se embora S. 42	weggehen
irritar	reizen; erregen
isentar	befreien
jantar	zu Abend essen
jazer S. 38	liegen; ruhen
jogar S. 34	spielen
julgar S. 34	richten; beurteilen
juntar S. 52	anhäufen; versammeln
jurar	schwören
lançar S. 34	werfen
largar S. 34	loslassen
lavar	waschen
lembrar-se	sich erinnern
ler S. 42	lesen
levantar	erheben; aufrichten
levantar-se	aufstehen
levar	mitnehmen; tragen; bringen
libertar	befreien
ligar S. 34	(ver)binden; festbinden
limpar S. 52	reinigen; saubermachen

L

livrar	befreien
lutar	kämpfen; streiten
maçar S. 34	lästig sein; lanweilen
magoar	quetschen
maldizer *wie* dizer S. 40	verfluchen
maltratar	mißhandeln
mamar	saugen
mandar	schicken; senden
manifestar S. 52	bekunden; offenbaren
manter S. 48, 50	aufrechterhalten
marcar S. 34	markieren; bezeichnen
matar	töten
mediar S. 37	halbieren
medir S. 42	messen
melhorar	verbessern
mentir S. 35	lügen
merecer S. 34	verdienen
meter	stecken; hineintun
mexer	umrühren
misturar	vermischen
modificar S. 34	ändern
moer S. 36	mahlen; zerkleinern
molhar	anfeuchten; einweichen
morar	wohnen
morder	(zer)beißen
morrer S. 52	sterben
mostrar	zeigen
mudar	(ver)ändern
mudar-se	sich umziehen
multar	mit einer Geltstrafe belegen
nadar	schwimmen
nascer S. 34	geboren sein
negar S. 34	verneinen; leugnen
nevar	schneien
notar	bemerken

L

obedecer S. 34	gehorchen; befolgen
obrigar S. 34	zwingen
observar	beobachten; untersuchen
obter *wie* ter S. 48	erlangen; erhalten
ocupar	in Anspruch nehmen; besetzen
ofender	beleidigen
oferecer S. 34	anbieten; schenken
olhar	schauen; blicken
opor-se *wie* pôr S. 44	sich widersetzen
optar	optieren
organizar	organisieren
ousar	wagen
ouvir S. 44	hören
pagar S. 34, 52	zahlen
parar	anhalten; still stehen
parecer S. 34	scheinen; vorkommen; aussehen
partir	abfahren; aufbrechen; weggehen
passar	verbringen; kommen
passear S. 37	spazierengehen
pedir S. 44	bitten
pegar S. 34	(zu)kleben; halten
pendurar	aufhängen
pensar	denken; nachdenken
pentear S. 37	kämmen
perceber	verstehen
perder S. 44	verlieren; verpassen
perder-se S. 44	verlorengehen; umkommen
perdoar	verzeihen
perguntar	fragen
permitir	erlauben
perseguir S. 34	verfolgen
pertencer S. 34	gehören
pesar	wiegen; abwägen
pescar S. 34	fischen
picar S. 34	stechen; beißen
pintar	malen
pisar	(zer)treten

L

poder S. 44	können; dürfen
pôr S. 44, 52	stellen; legen
possuir S. 36	besitzen; innehaben
poupar	haushalten mit; aufsparen
pousar	legen; setzen; stellen
praticar S. 34	ausüben
preceder	vorhergehen; vorangehen
precisar de	brauchen; müssen
preencher	ausfüllen
preferir S. 35	vorziehen
pregar S. 34	predigen; verkünden
prejudicar S. 34	schaden; schädigen
premiar	belohnen
prender S. 52	befestigen; festnehmen
preocupar-se	sich Gedanken machen
preparar	vorbereiten
prestar	(ver)leihen; leisten
pretender	beanspruchen
prevenir	warnen
prever *wie* ver S. 48	voraussehen
principiar	anfangen
privar	berauben
proceder	fortschreiten; vorangehen
procurar	suchen
produzir S. 38	herstellen
proibir	verbieten
prometer	versprechen
pronunciar	aussprechen
propor *wie* pôr S. 44	vorschlagen
proporcionar	verschaffen; ermöglichen
proteger S. 34	(be)schützen
provar	probieren
prover *wie* ver S. 48, 50	(vor)sorgen für; besorgen
provir *wie* vir S. 48, 50	(her)kommen; (ab)stammen
provocar S. 34	provozieren; reizen
puxar	ziehen; zerren

L

quebrar	brechen
queimar	verbrennen
queixar-se	sich beklagen
querer S. 46	wollen
ralar	(zer)reiben; ärgern; plagen
ralhar	zanken
raptar	entführen
rasgar S. 34	zerreißen; aufreißen
reagir S. 34	reagieren
realizar	verwirklichen; durchführen
rebentar	platzen; bersten
recear S. 37	fürchten
receber	empfangen; erhalten
recomendar	empfehlen
reconhecer S. 34	wiedererkennen
recordar	erinnern an
recusar	weigern; widersetzen
reduzir S. 38	herabsetzen
refazer *wie* fazer S. 42	noch einmal machen
referir S. 34	erwähnen
reflectir S. 35	nachdenken
regressar	zurückkommen; zurückgehen
regular	regeln; ordnen
rehaver *wie* haver S. 42	wiederbekommen
remediar S. 37	abhelfen
reparar	reparieren
repetir S. 35	wiederholen
representar	aufführen; spielen
requerer S. 46	beantragen
resfriar	abkühlen; erkälten
resfriar-se	sich erkälten
resolver	beschließen; erledigen
respeitar	berücksichtigen
responder	antworten
restringir S. 34	einschränken; einengen
rir S. 46	lachen
rodear S. 37	umgeben; umringen

L

rolar	rollen; girren (Vogel)
romper S. 52	zerbrechen; zerreißen
roubar	stehlen
saber S. 46	erfahren; wissen; können
sacudir S. 35	ausschütteln
sair S. 36	verlassen; ausgehen
saltar	springen
salvar	retten
satisfazer *wie* fazer S. 42	befriedigen
secar S. 34, 52	(aus)trocknen
seguir S. 35	folgen
segurar S. 52	festhalten; (ver)sichern
sentar-se	sich setzen
sentir S. 35	fühlen
separar	trennen
ser S. 46, 51, 66	sein; werden
servir S. 35	servieren; dienen; nützen
significar S. 34	bedeuten; darstellen
soar S. 37	klingen; läuten
sobrar	überragen; übrigbleiben
sofrer	(er)leiden
soltar	losmachen
sonhar	träumen
sorrir	lächeln
suar	schwitzen
subir S. 35	hinaufgehen
substituir S. 36	vertreten; ersetzen
suceder	erfolgen; geschehen
sugerir S. 35	nahelegen
sujar	beschmutzen
sujeitar S. 52	unterwerfen; festhalten
sumir-se S. 35	verschwinden; erlöschen
supor *wie* pôr S. 44	annehmen
suportar	(er)tragen; erdulden
surgir S. 34	erscheinen; auftauchen
surpreender	überraschen
suspeitar S. 52	argwöhnen; vermuten

L

suspender S. 52	unterbrechen; aussetzen
suspirar	seufzen
sustentar	unterhalten; unterstützen
tapar	verschließen; zudecken
tardar	aufschieben; verzögern
teimar	beharren; drängen
telefonar	anrufen
tencionar	beabsichtigen
tentar	versuchen
ter S. 48	haben
terminar	beenden
tirar	(heraus)nehmen
tocar S. 34	berühren; streifen; klingeln
tomar	nehmen; annehmen
torcer S. 34	drehen; biegen
tornar	wiedergeben; (um)wenden
tornar a	zurückkommen auf
tossir S. 35	husten
trabalhar	arbeiten
traduzir S. 38	übersetzen
transferir S. 34	überweisen
transformar	verwandeln; umwandeln
transportar	befördern
tratar	behandeln; verarbeiten
travar	verbinden
trazer S. 48	bringen; tragen; haben
tremer	zittern
trocar S. 34	(ver)tauschen
ultrapassar	überschreiten
unir	verbinden; vereinigen
usar	tragen (Kleidung); benutzen
utilizar	benutzen
valer S. 48	wert sein
variar	(ver)ändern
varrer	(weg)kehren; fegen

L

vencer S. 34	besiegen; gewinnen
vender	verkaufen
ver S. 48, 52	sehen
verificar S. 34	feststellen; nachprüfen
vestir S. 35	anziehen
viajar	reisen
vingar S. 34	rächen; verteidigen
vir S. 48, 52	kommen
virar	umdrehen; umwenden
visitar	besuchen
viver S. 52	leben; wohnen
voar S. 37	fliegen
voltar	zurückkommen; zurückkehren
voltar a	wiederkommen
votar	abstimmen
zangar S. 34	(ver)ärgern; böse werden

Fehler erkennen - Fehler vermeiden

fehler abc

Fehler-ABC Deutsch-Portugiesisch

Sie werden schon oft festgestellt haben, daß Wort nicht gleich Wort ist.
Wenn sie z.B. versuchen, zu dem deutschen Wort "können" die portugiesische Entsprechung zu finden, müssen Sie zwischen "in der Lage sein" (poder) und "gelernt haben" (saber) unterscheiden.

Hier hilft das Fehler-ABC Deutsch-Portugiesisch.

50 Kontrollaufgaben zeigen Ihnen, welche typischen Fehler Sie machen. Danach können Sie gezielt diese deutsch-portugiesischen Entsprechungen üben. Die Lösungen der Übungssätze sind durch einen Überdruck verdeckt. Sie werden sichtbar, wenn Sie die rote Folie, die dem Buch beigegeben ist, auf den Text legen. So können Sie ihren Lernerfolg selbst kontrollieren.

Klett-Nr. 52788